JN027363

叢書・ウニベルシタス　1155

知識・無知・ミステリー

エドガール・モラン
杉村昌昭 訳

法政大学出版局

知識・無知・ミステリー◉目次

知識・無知・ミステリー

凡　例

一　本書はEdgar Morin, *Connaissance, ignorance, mystère*, Fayard, 2017の全訳である。

二　『』は原書の書名イタリック。

三　傍点は原書の強調イタリック。

四　「」〈〉は原書の引用符。読みやすさのために訳者が追加した場合もある。

五　（）［］は原書に準じる。

六　〔〕は訳者による補足。

七　原注および訳注は行間に通し番号（1、2、3……）を付して側注とし、訳注は冒頭に〔訳注〕と記す。

プレリュード

無知であり続けるかぎり知る力は向上する。

ファン・デ・ラ・クルス（十字架のヨハネ）[1]

知識を増やす者は無知を増やす。

フリードリヒ・シュレーゲル

知の帝国が錨を上げた。そしてミステリーと夜に向かって航行していく。

マニュエル・デ・ディエゲス[2]

われわれはまだ人類の幼年期を生きている。分子生物学、DNA、宇宙論といった地平がやっと開かれ始めたところだ。われわれは答えを探す子どもにすぎない。知の島が大きくなるにつれて、われわれの無知の浜辺も大きくなるだろう。

ジョン・ホイーラー[3]

(1)〔訳注〕一五四二～九一年、スペインのカトリック司祭・神秘思想家。日本語訳に『暗夜』（ドン・ボスコ社）ほか。

(2)〔訳注〕一九二二～二〇一九年、フランスの哲学者。日本語訳に『批評家とその言語』（審美社）。

われわれが理解できなかったものがわれわれにとって必要な時代がやってきた。

ルネ・シャール(4)

井の中の蛙大海を知らず。

日本の格言

物事はそれが別の物事のしるしかもしれないからミステリーなのでなく、物事が存在すること自体がミステリーなのである。

ウラジミール・ジャンケレヴィッチ(5)

今日、最も高度な創造物はわれわれに思考を絶するものの存在を指し示す。われわれはその思考を絶するものと手を携えて、最も人間的な仕方で、そして可能なかぎり完全な仕方で、生きることを学ばなくてはならない。

パトリック・シャモワゾー(6)

科学には二つの互いに触れあう先端がある。ひとつの先端は本来的な純然たる無知という先端であり、これはすべての人間が生まれつきおかれている状態である。もうひとつの先端は大いなる魂が到来する先端、人間が知ることができるすべてを経巡ったあと人間は何も知らないことを知るという先端であり、ここで人間の出発点にあった無知と出会う。しかし、この無知は無知にはちがいないが、おのれを知っている物事に通じた無知なのである。

ブレーズ・パスカル

物事を深く考えない人間は何も知らないままに生き、物事を深く考える人間は暗闇のなかで生きる。

ヴィクトル・ユゴー

(3)〔訳注〕一九一一〜二〇〇八年、アメリカの物理学者。ブラックホールの命名者。

(4)〔訳注〕一九〇七〜八八年、フランスの詩人。日本語訳に『ルネ・シャール全集』(青土社)ほか。

(5)〔訳注〕一九〇三〜八五年、フランスの哲学者。日本語訳に『死』(みすず書房)ほか。

(6)〔訳注〕一九五三年生、フランス領マルチニックの作家。日本語訳に『クレオール礼賛』(平凡社)ほか。

私は知識欲が旺盛である。

私は子どもの好奇心、少年の探求心を持ち続けてきた。二十七歳のとき『人間と死』を書いて、人間の条件のなかで最大の問題となるものの解明には領域横断的な教養が必要とされることを探り当てた。三十歳のときフランス国立科学研究センター（CNRS）にポストを得るという幸運に恵まれ、ありがたいことに、そこで自由な研究を許され、私の好奇心と探求心を満たすことができた。

私は発見と解明の喜びをつねに強烈に感じてきた。そして、知識の驚異的な進歩を教えてくれる科学の雑誌や著作を読み続けてきた。

しかしながら時経たずして、知識と現実との関係には問題があることを理解した。その問題は大昔からインドや中国やギリシャの思想家が取り上げてきたもので、その後カントが取り上げ、現在は脳科学や認識論（知識哲学）が取り上げているものである。煎じ詰めれば、人は何を知っているのか、人は現実について何を知ることができるのか、という問題である。

不確かなものとなった知識は、現実そのものを不確かなものとする。そして不確かなものとなった現実は当然にも知識を生み出す精神を不確かなものとし、さらに今日、精神を生み出す脳を謎めいたものにしている。

かくして現在、われわれは、現実、知識、精神、脳のあいだの分離しがたい循環的関係に行き着いている。われわれは、現実、知識、精神、脳のそれぞれのなかに未知なるものを発見し、その未知なるものは、逆説的にも、すでに知られていること、知りつつあることの内部にも存在するのである。言い換えるなら、解明されていることのすべてが曖昧なものになり、解明し続けなくてはならないということだ。

しかしそれは、私の知識への渇望を断ち切りはせず、知識そのもの――その可能性、その限界、その誤りや錯覚の危険――を知ろうという方向に私の思いをなおいっそう導いた。

そして私は、知識をつくりあげる手段、その可能な限り適切なやりかたを探究することになった。私の著書『方法』はこうして書かれたのである。

私はつねに、宇宙という広大なものから日常生活の細部にいたるまで、発見と解明の喜びを感じてきた。それは私のなかに、生きていること、歩くこと、太陽の下にいること、夜空に月が上ってくるのを眺めること、そして目にはちっぽけに見えるが実際は巨大であることを知っている星を見つめることなどを、驚きをもって感受する――ときには驚嘆したり目眩を起こしたりしながら――という経験をますます強く引き起こした。

明らかであると思っていたすべてのこと、既知であると思っていたすべてのことが、驚きとなり不可解なこととなる。

私の驚きは、見るたびごとに、感じるたびごとに、増していく。生活や存在や現実が謎めいてくるだけではない。通りを歩く人々の顔や木々や動物など、すべてが謎めいてくるのである。メロンの果肉のなかで赤ん坊のように守られて身を寄せる種や葡萄の種、桃の堅い殻に閉じ込められた核（桃仁）を前にして驚いたりするのである。

私は見えているもののなかに隠されている見えないものに強く惹かれる。

私は多くの文明のなかで多くの人が感じたと思われるのと同じことを感じる。何か隠された真理が存在する、これを粘り強く探究し、秘められた真理に到達する道に踏み込まなくてはならないという感覚である。しかし私は、この真理はわれわれの意識にとっては永遠に隠されたままであろうという意識に到達した。そうした真理に到達したと信じる人々は、彼らに啓示を与えた呪文によって錯覚を起こしているだけではないか。私は、神、物質、精神、理性、決定論といったような、闇を追い払うような〈言葉〉を振りかざす人々に、つねに当惑してきた。

私は宇宙に驚嘆する者であるが、宇宙に意味を見つけだしたり宇宙を合理化したりする者ではない。

偉人アインシュタインが宇宙を支配する上位の理性に魅了されたとき、私は、この上位の理性には、物質による反物質の無化、星の衝突と爆発、統合されていたすべてのものの絶え間のない分解などを伴った、際限のない狂気が混じっているのではないかと考えざるをえなかった。

生命の歴史が経験した大いなる異変も忘れるわけにはいかない。これを人間の歴史に当てはめてみると、文明の消滅、文化の壊滅、虐殺と錯乱の波及、あらゆる種類の残虐行為といったものに思い至る。

科学者の理性は世界に投影され世界に組み込まれる。それと同じく、〈世界精神〉を信じる者は自らの精神を世界に投影し、その精神は世界に組み込まれる。

自らの理性を世界に投影する者は、非合理性を無知な者の錯覚と見なし、そうやって自分自身が合理的錯覚という非合理性のなかに落ち込み、世界の非合理性に対して目を塞ぐことになる。

合理的なものをたくさん見れば見るほど、同時に理性から逸脱したものをたくさん見なくてはならない。

普遍的法則からなる諧調的秩序は驚きに値するが、そうやってわれわれの世界が秩序と無秩序の混交した戯れからなっていることを隠蔽してはならない。ヘラクレイトスが五百年前に決定的に確証したように、諧調と乱調は結びついているのであり、調和するものと調和しないものは結びつくのである。衝突だけがあらゆるものの産みの親ではない。なぜなら衝突は結合と切り離せないからである。かくして生(エロス)と死(タナトス)は永遠に対立しながら永遠に補いあうのである。

そうなのだ。われわれの世界のなかには、原子から銀河系に至るまで、とてつもない組織化の力が働いているのである。しかしまた、同じようにとてつもない組織解体の力も働いている。熱力学の第二法則がその証拠である。世界がどれだけ素晴らしいものであっても、その世界が死と破壊によって動かされてもいること、そして死と破壊のために作動してもいるという事実は厳然として存在する。

テイヤール・ド・シャルダン(7)に従って、世界の歴史のなかに精神の上位形態に向かって複雑性が増大していくさまを見る者がいる。しかし、この複雑性の増大は、退行やさまざまな偶然性に見舞われる地球のようなちっぽけな惑星にあっては副次的(マージナル)なものである。それと同時に、今日暗黒(ダーク)エネルギーと呼ばれる力の影響下で、宇宙は散乱と死滅に向かっているのだ。

世界の素晴らしさを認めるとしても、世界を美化しないようにしよう。また、世界の一貫性を認めるとしても、それを合理化しないようにしよう。そしてわれわれの理性から逃れ出るものを見つめよう。

至高のアルゴリズムのなかに世界の秘密を見つけたと思っている者がいる。しかし、このアルゴリズムはどこからやって来るのか？　それは、秩序しか産出することができない造物主たる神が数学的に超抽象化されたものではないのか。

ジョエル・ド・ロスネー(8)が、世界の〈隠されたコード〉のヴェールをはいで見せてくれる。(9)しかし、この暴露は同時に、このコードの出所が謎であることにヴェールをかけている。ロスネーの理解への意志は理解しがたいものに背を向けているのだ。

マルク・アレヴィー[10]の創発性原理——これについてはあとで言及する——に私は同意してはいるのだが、アレヴィーは宇宙の出現は〈原初的意図〉によると言う[11]。これも私から見ると、宇宙を生み出した神の能動性に力点を置いた解釈であり、最も奥深い謎をわれわれから隠すものである。

私は逆に、ファン・デ・ラ・クルス（十字架のヨハネ）の言葉に従って、謎はわれわれの手の届かないところに、〈暗雲〉のなかにあると確信している。

彼は上に上がれば上がるほど

（7）〔訳注〕一八八一～一九五五年、フランスのイエズス会司祭・古生物学者・哲学者。日本語訳に『現象としての人間』（みすず書房）ほか。

（8）〔訳注〕一九三七年生、フランスの科学者。日本語訳に『グローバル思考革命』（共立出版）。

（9）Joël de Rosnay, *Je cherche à comprendre*, Les Liens qui Libèrent, 2016.

（10）〔訳注〕一九五三年生、フランスの物理学者、作家。

（11）マルク・アレヴィーの複雑思考世界会議における発表、パリ、ユネスコ本部、二〇一六年十二月八～九日。

夜を照らす
暗雲が何なのかわからなくなった(12)

絶えざる驚きは絶えざる疑問に行き着く。私は科学のなかにその疑問に対する説明を探し求め、ありあまるほどの説明を見つけるが、それらの説明はおしなべて説明不可能なものを包含しており、私のなかに新たな疑問を引き起こす。

私の理性、私の精神が、私の目を世界や現実や生のあり方へと導いてくれることを、私は知っている。しかし同時にまた、私の理性や精神が、その理性や精神の限界のなかに私を閉じ込めていること、そして私が知っている世界や現実や生が未知のものを包含していることを、私は知っている。

既知のもののなかに未知のものがあるという意識や感覚がますます私の生を規定している。陳腐なもののなかに謎(エニグマ)が存在し、すべてのものに神秘性(ミステリー)があり、知識の先端に神秘の先端が宿っているという感覚といったらいいだろうか。

ドストエフスキーはこう言った。「人間は謎である。その謎を解明するために人生全体を費やしても、時間を無駄にしたことにならないだろう」。そして彼はこう付け加えた。「私は人間でありたいと思うので、この謎に取り組むのである」。

私もまた、人生全体を使って人間の謎に取り組んできたが、この謎はさらに大きな謎の一部に過ぎないと思っている。

(12) Jean de la Croix, *Entreme donde no supe*, in Poésies complètes, José Corti, 1991.

第一章　無知な知識

われわれは知識の拡張する社会に暮らしている。しかしその社会はまた、知識の退行する社会でもある。

知識の拡張は世界の拡張と同じく魅力的である。しかし人間の精神は、知識と世界の無限の増大を捉え、取り込み、組織する能力を持っていない。辞書、百科事典、インターネット、ビッグデータなどによって、それを蓄積することはできても、またそのなかのいくらかを「アルゴリズム化する」ことができても、拡張する知識や世界のすべてを取り込むことはできない。

分子生物学のような専門分野において知識が加速度的に拡張していても、すみずみにまで至る決定的な知識を得ることは不可能である。レイモン・アロンがかつて言ったように、つまらないことについてすべてを知っているだけであって、ちっぽけな知の断片についての網羅的な知識に甘んじるしかない。われわれの知識はずっと部分的なものであらざるをえないのであろうか。それとも、たとえ知識が未完のものであっても、それはわれわれ二十一世紀の人間にとって、本質的な知識を見つけだして結びつけ、根本的・全体的な問題を扱うことができる道につながるだろうか。

根本的・全体的な問題についての知識は、分離され、区切られ、隔てられ、分散した知識を結びつけないと得られない。ところが、われわれの教育は、知識を結びつけるのではなく、分離することをわれわれに教える。それに対して、われわれは知識を結びつけることができるひとつの知識を必要としているのである。そうであるがゆえに、私は三十年間ずっと、知識を互いに結びつけ相補的にするための方法をつくろうとしてきた。この考えはすでにさまざまな人たちによって表明されていたものであるが[1]、無視されたとまでは言わないが、過小評価されてあまり使われてこなかった。方法論は完全性ではなく複雑性を把握しようとするものである。なぜならわれわれは不完全な存在でしかありえないからである。複合的知識は、不確定性、不十分性、未完成といったものを除去することはできないだろう。しかし複合的知識は、われわれの知識の不確定性、未完成、不十分性といったものを認識することができるという取り柄がある。

専門分野における知識の散乱と区分けは、それぞれの分野のなかに閉じ込められた知識を結びつけようとするさいに生じる大きな問題を排除する。したがって、最も重要な問いが排除されてしまうことになる。この無知が無知蒙昧体制となって、われわれ現代人の上にだけでなく、自らの無知を知らない学者や専門家の上にも君臨することになる。

われわれはこれまで、量子物理学をはじめとして、ポスト・ハッブル宇宙論[2]、分子生物学、遺伝学、動物行動学、地球科学の統合、エコロジー思想の発展などに、宇宙や地球や生命に関わる素晴らしい発見や解明のおかげをこうむっている。

科学による多くの解明は科学では解明できないものを隠してもいる。科学は科学の前提について無知であり、それを、エトムント・フッサール、ガストン・バシュラール、カール・ポパー、トーマス・クーン、ポール・ファイヤアーベント、マリオ・ブンゲ、ジェラルド・ホルトン、イザベル・スタンジェール、ミシェル・セールといった科学哲学者が明らかにしている。科学は分離と還元がもたらすおのれの盲目性について無知なのである。科学は、脳／精神、人間／自然といった当然にも分離できないものを分離し、全体を構成する諸部分からすべてを説明できると信じている（しかし全体は諸部分の知られざる性質をつくるのである）。

科学はおのれの効用しか眼中にないため、その物理学的発展（核兵器やその他の大量破壊兵器の生産）や生物学的発展（脳操作や遺伝子操作の危険）が引き起こした巨大な倫理的・政治的危険について、（少数の例外を除いて）無頓着である。科学者が理性の体系を手にしていると確信したとき、彼らの活動と精神のなかにはブラックホールがあると考えなくてはならない。言い方を変えるなら、科学的知識のとてつもない進歩は、深く広大な無知の地層の存在を絶

(1) とくに以下の名前を挙げておく。ルートヴィヒ・フォン・ベルタランフィ、ジョン・フォン・ノイマン、ハインツ・フォン・フェルスター、ノーバート・ウィーナー、ウィリアム・ロス・アシュビー、グレゴリー・ベイトソン。

(2) 〔訳注〕ハッブルが基礎を築いたのちの現代宇宙論。エドウィン・ハッブルは一八八九～一九五三年、アメリカの天文学者。われわれの銀河系以外に銀河が存在することを発見した。

えず明らかにしてきたのである。新しい無知は、古い無知とは異なる。古い無知は知識の欠如に由来するのだが、新しい無知は知識そのものから発現する。われわれの現実の本質とは何かというような古い謎が、ミクロ物理学や天体物理学によって息を吹きかえしている。ミクロ物理学は、われわれの世界の基盤には下位の現実が存在し、そこでは時間、空間、場所といったものが消えていることを明らかにした。天体物理学は、宇宙の起源の神秘に挑み、宇宙の奇妙さだけでなく、宇宙の九七パーセントが不可視であることを明らかにした。現在、宇宙を形作っている物質は、実際の宇宙の四パーセントしか占めていないと考えられている。実際の宇宙は暗黒物質(ダークマター)と暗黒(ダーク)エネルギーからできていて、後者は膨張力によってその存在が検出あるいは仮定されている。

結局、知の進歩は新たに非常に奥深い無知をもたらすのであるが、それは宇宙についての科学の前進はすべて、未知なるものに通じるからである。知られざる起源、知られざる終わり、知られざる現実の実体というものがつねについてまわるのだ。このことは生命の起源についても言えるし、動物や植物の途方もない創造力についても、そしてまた、エコシステムや生命圏の信じがたい自発的組織力についても言える。これはさらに、人類の起源についても言えることである。人類の起源は数百万年にわたるその進化過程が認められているが、しかし、ついにはミケランジェロ、ベートーヴェン、ヘーゲルらを生み出すにいたる巨大な脳を持った存在が、なぜ、どのようにして出現したのかはわからない。

生き物の世界の進化の発見に始まった生物学の進歩は、植物や動物の創造力の神秘を解き明かしてくれる。しかし特殊創造説[3]への配慮が、突然変異（偶然）や適応という概念による凡庸な説明をもたらした。他方、〈創造力〉という言葉は、芸術についてのテクストのなかで陳腐化され、ビジネスにまで応用されている。人間の精神は二義的あるいは表面的な領域において も創造的であると考えることは、ある意味で正しいだろう。しかし同時に、人間の精神が経験するインフレーション（膨張）は、すべてのインフレーションと同じく、低落に行き着く。とはいえ、私はこの創造力という言葉を必要とする。なぜなら、この言葉なくしては、生物学的進化や人間の歴史は、決定論や偶然性に帰せられて、つまらない話になってしまうからである。

われわれは少しずつ次のような問いに到達した。すなわち、すべての知識（複合的知識を含む）の真の限界とは何であろうか、という問いである。[4] その限界は必ずしも知ることができな

(3) 〔訳注〕万物は創造主によって創造されたときから今日まで本質的に進化していないという説。

いものではない。現在未知のものの大部分は一時的にそうなのであって、いずれ既知のものになるであろう。しかし、とくに物理学や生物学においては、知識が発展していくと、より根底的でより奥深い未知のものが現れてくる。われわれの科学的な知は巨大な進歩を成し遂げたが、しかしその進歩はわれわれに、われわれの概念、われわれの知性に挑戦する地帯への接近を可能にし、知識の限界の問題をつきつけている。科学的知識の最も大きな前進は、知識と同時に不可知（無知）を増大させている。おまけに、知識の前進は、矛盾を解消するのではなくて、矛盾を乗り越えがたいものにしてもいる。もしわれわれの世界が何もない〈空(ヴィッド)〉から生まれたとしたら、物質が〈空〉から生まれるということをどう考えたらいいのだろうか？　もし〈空〉が変化に従うものであるとしたら、〈空〉ではない〈空〉があることになり、それをどう考えたらいいのだろうか？

私がこの本のなかで、現代の科学が到達した概念、理論、仮説といったものを参照するのは、それらを不易の真理と見なすからではない。多くの発見は多くの問題の再検討の必要性に通じる。しかし私にとって重要なことは、そうした再検討の動きが次のようなことを決定的に放棄するようにわれわれを導くということである。すなわち、決定論の君臨する秩序、還元主義と各専門分野の分離、明確な概念としての現実といったものを放棄するということである。私にとって重要なことはまた、そうした動きが、時にはそれと気づかずにでも、宇宙や生命や人間の複雑性を重視する方向にわれわれを導くということである。

物理、生物、人間の世界には、われわれが知らないことがたくさんあるが、それらはいずれ既知のこととして認識されることになるだろう。生命や宇宙についての現在の知識の変更を余儀なくされる進歩が起きるだろう。われわれは新たな力や意志疎通装置を発見し、多くの謎（エニグマ）を解決するだろう。しかし人間の精神の能力には限界がある。

複雑思考は不確実なものを認めるが、それを言葉で言い表すことはできない。複雑思考は人間の精神の能力を超えることはできない。しかしながら、複雑思考はおのれのなかに（人間と知識の）未完成原理を孕んでいるので、神秘（ミステリー）に入り込むことができる。

未知のものは既知のものの核心部にある。未知のものが謎（エニグマ）であるとき、それは推理小説におけるように知識によって解決しうるだろう。しかし知識では解けない神秘（ミステリー）もあり、その神秘は知識の核心部にあるのだ。

（4）ニールス・ボーア〔一八八五～一九六二年、デンマークの理論物理学者〕はミクロ物理学における三つの知的限界を指摘し、それを次のようにまとめて一般化している。

（Ⅰ）：知の統合の不可能性、これは（Ⅱ）：克服しがたい矛盾の発生、および（Ⅲ）：知の主体と対象の不可分性として一般化しうる対象と測定器具の不可分性と関連する。

未知のものは謎（エニグマ）である。知られざるものは神秘（ミステリー）である。われわれはどうやってこの謎と神秘に到達することができるだろうか。

あとから見るように、知られざるもの、謎や神秘は、宇宙の起源と終焉、現実の本性、生命の起源、生物学的進化に体現されている創造力、〈ホモ・サピエンス／デメンス〉の出現といったものに起源がある。最初にして究極的な謎と神秘は、われわれの脳／精神のなかにある。われわれの知識を生み出すのが脳／精神であるにもかかわらず、いやそうであるがゆえに、脳／精神の謎が最も並外れたものであると言わねばならない。

帰納、演繹、論理といった合理的思考の限界は明らかになっている。こうした科学的証明が依拠する前提は証明不可能であることが明らかになっている。同様に、あらゆる説明の前提は説明不可能である。科学的知識の基盤の危機と思考の危機は、そのまままっすぐに謎と神秘に行き着く。

謎と神秘は、人間の精神が自らに問うべき根元的で奥深い最も重要な問題を含み込んでいる。カントが推奨したように、人間の精神はこの問題の追究をあきらめ、現象の追究だけに自己限定しなくてはならないのだろうか。

われわれは謎や神秘に近づくことができるだろうか。謎や神秘と対話することができるだろうか。

　これが私の現在の知的活動の背景をなす問題意識である。すなわち私の知的営みは、知識－無知－ミステリーの分離不可能性を理解し感受するために、知識の極限地帯を渉猟するというくわだてにほかならない。

第二章　現実

すべては現実であり、そして現実ではない／現実であるとともに非現実である／現実であって現実ではない／これが仏陀の教えである。

龍樹[1]（フレデリック・ネフによる引用）

われわれがある現実の世界に生きていると思うことは錯覚の最たるものだ。そして逆もまた真である。つまり非現実の世界に生きていると思うのも錯覚である。

モーリス・シャプラン

現実なるものは可能なるものから逸脱したものである。

ピエール＝アンドレ・テルジアン

われわれの現実というのは、さまざまな物と活動が存在していて、さまざまな出来事が時間と空間のなかで展開される三次元の世界である。それは物質とエネルギーと情報で構成されている。

（1）〔訳注〕一五〇〜二五〇年頃。インドの仏教学者。日本語訳に『中論』（第三文明社）ほか。

われわれは、われわれの現実——つまりわれわれの個人的存在、われわれの遭遇する出来事の現実性、われわれを取り巻く自然、われわれのいる大地、われわれの世界、時間や空間といったもの——を疑うことなく受け入れているが、こうしたわれわれの現実の実在性をほとんど感じないこともある。

この考えは古くからあり、さまざまな仕方で繰り返し表明されてきた。

ヴェーダ哲学によると、われわれの現実は〈マーヤー〉（幻の世界）である。

仏教の考えによると、われわれの現実は〈サンサーラ〉（仮象の世界）である。

西洋においては、プラトンの考えでは、われわれは現実の影しか知らない存在であり、この考えはさまざまな仕方で継承されてきた。「生は夢である」[2]という考えは、われわれの文化のなかに繰り返し現れてきたのであり、とくにシェークスピアの『テンペスト』における「われわれは夢の布地で織られている」という表現が有名である。レオパルディ[3]は、こうした見方を論理的に逆転した表現をしている。「現実は無なのだから、世界には錯覚以外に現実的・実体的なものはないということは、不条理ではあるが、まことにもって真実でもある」（『断想集』[4]）。

またわれわれは、カント以降、人間の脳について科学的知識によって確証されたこと、すなわち、われわれの外的世界の知覚は脳の組織力によって導かれていることを知っている。[5] 現実世界は単に物からできているのではなく、われわれが現実を〈物象化〉してできているということであろうか？

現実の半分は想像の産物か？

いずれにしろ、われわれは表象や解釈を通してしか現実世界を理解することはできない。カール・プリブラム[6]は、実のところ「波動だけでできている」現実をわれわれの脳がホログ

(2) カルデロンの劇作品のタイトル。〔ペドロ・カルデロン・デ・ラ・バルカ、一六〇〇～一六八一、スペインの劇作家。日本語訳は『人の世は夢　サラメアの村長』高橋正武訳、岩波文庫、一九七八年など〕

(3) 〔訳注〕ジャコモ・レオパルディ、一七九八～一八三七年、イタリアの詩人・哲学者。

(4) 〔訳注〕日本語訳は國司航佑訳、幻戯書房、二〇二〇年。

(5) 知覚と錯覚との間にはいかなる相違もないこと、そしてすべての知覚には幻覚が含まれていることを、われわれは知っている。

(6) 〔訳注〕一九一九～二〇一五年、アメリカの心理学者・精神医学者。邦訳に『科学と意識・

ラム（あるいは立体的イメージ）に変えるのだという考えを提起した。[7] しかし波動は、ある次元で観察したものを科学的言語に翻訳しただけのものであり、それは肉ではなく骨しか見ないレントゲン写真と同じようなものである。波動はまた、波動とは別の何かでもあるのだ。そこから、現実の表象は精神によってつくられたものだという考えが生まれる（ジャン＝ルイ・ル・モワーニュ）。[8] さらにそれに加えるかたちで、社会学者たち（ピーター・バーガー、[9] トーマス・ルックマン、[10] クラウス・クリッペンドルフ）[11] が、現実の社会的構成という考えを打ち出す。[12]

かくして、外的世界の現実は人間化された現実となる。われわれは現実を直接知ることはできず、われわれは現実を人間の精神を通して知るということだ。したがって現実は、われわれの知覚のなかで／知覚によって、解釈され／構成されたものであるが、同時に、われわれの言語のなかで／言語によって、われわれの理論や哲学のなかで／理論や哲学によって、われわれの文化や社会のなかで／文化や社会によって、解釈され／構成されたものであるということである。

私はと言うと、私は共（同）‐構成主義者であり、われわれはわれわれの外部にある現実の解釈を精神的、社会的、歴史的に構築するのだと考えている。

われわれのそうした精神的再構成や社会的構成の背後に何があるのだろうか。〈ヴェールに覆われ〉隠された真の現実があるのだろうか（ベルナール・デスパーニャ）。[13] われわれには知ることができない〈即自的現実〉があるのだろうか（カント）。しかし〈即自的現実〉などというものがあるのだろうか？

われわれの〈人間的現実〉は想像の産物で織りなされている。あこがれ、幻想、妄想、空想、願望、小説、映画、テレビドラマの世界、娯楽といったものが、われわれの〈人間的現実〉の

結論』（たま出版）ほか。

（7）カール・プリブラムは、「われわれを取り巻く物質は、ひとえに波動でできた現実の立体的イメージ（ホログラム）にすぎない」と述べている。Karl Pribram, *Brain and Perception : Holonomy and Structure in Figural Processing*, Hillsdale, N. J., Lawrence Erlbaum Associates, 1991.

（8）Jean-Louis Le Moigne, *Le Constructivisme*, tome 1, Des fondements, ESF, tome 2, 1994 ; *Des épistémologies*, ESF, 1995.

（9）〔訳注〕一九三一～二〇二二年、フランスのシステム理論と構成主義的認識論の専門家。

（10）〔訳注〕一九二九～二〇一七年、アメリカの社会学者。日本語訳にトーマス・ルックマンとの共著『現実の社会的構成』（新曜社）ほか。

（11）〔訳注〕一九二七～二〇一六年、アメリカの社会学者。日本語訳に前掲『現実の社会的構成』ほか。

（12）〔訳注〕一九三二～二〇二二年、ドイツ系アメリカ人のコミュニケーション学者。日本語訳に『メッセージ分析の技法』ほか。

（13）〔訳注〕一九二一～二〇一五年、フランスの理論物理学者。

共同的構成要素である。

われわれは眠っているとき見る夢を現実だと思い、朝になるとそうではないと初めて気がつく。映画の場合、われわれは登場人物とその行動に強い現実性を感じながら、映画の上映中、頭のなかに点っている小さな豆ランプによって、われわれが肘掛け椅子に座っている観客であることをかろうじて忘れないでいる。

さらに、われわれの人間的現実は、神話、神々、イデオロギーなどをつくりだし、それらはわれわれの精神の産物であるにもかかわらず、それらをわれわれ自身の現実よりも上位にある現実と見なす。われわれの神話、われわれの神々、われわれの思想は、それらを育成した精神的共同体に依存している。したがって、神々は死ぬし、神話は崩壊するし、思想は変化していく。信者にとっては絶対的な、そういったものの現実性は、信者がいなくなれば消滅するが、信仰としては絶対的なものであったという事実は残る。神々について真なるものは、思想についても真である。とくに、熱烈な信仰を引き起こす上位の現実を備えた大いなるイデオロギーは、これに当てはまる。コミュニズムはこの世の救済の宗教だったのであり、すべての大宗教と同様に、英雄、殉教者、虐待者などをつくりだした。

われわれは、当事者にとっては現実にほかならない他者の想像世界を非現実的なものと見なしたりするが、そのときわれわれ自身の現実が想像上のもので構成されていることを忘れている。

われわれはわれわれが感受する世界の現実性を疑ったりするが、それなら、現実の絶対的城砦が自己への確信にある、と言うことができなくてはならない。この場合、自己への確信は、「私は存在する」という絶対的断言として表現されなくてはならない。そしてこの表現は、「私は一人の人間存在である」ということを表わすだけでなく、「私は一人の私である」ということ、つまり自己を取り巻く世界の中心に位置する明確な生きた主体であるということを表わすものでなくてはならない。

しかし〈私〉の現実は〈われわれ〉という上位の現実のなかで弱められ、〈われわれ〉が現実になる。それは、たとえば集会の盛り上がりのなかで〈ひとつのわれわれ〉ができあがり、〈私〉がそこに溶け込んでしまうというような経験として現れる。サッカーの試合における〈ひとつのわれわれ〉、激しく踊る舞踊団の〈ひとつのわれわれ〉、恋愛やセックスのときの絡み合いに見られる〈ひとつのわれわれ〉も同じことである。これらの経験の場合、〈われわれ〉が現れて〈私〉は埋没する。このとき〈私〉は、人が憑き物によって憑依状態に陥る儀式のなかに沈められてしまう。人はおのれを導く恍惚状態の高揚のなかで失神し、自己と憑き物との融合と混同が生じるのである。

〈われわれの〉現実の絶対的・最終的城砦は、われわれ一人一人にとって、われわれの苦悩、快楽、喜び、愛、恐れ、欲望といったものの核心部にある。こうした角度から見ると、われわれの経験する主観的感情が、われわれにとって何よりも現実的なものであるように思われる。われわれ人間にとって、主体性そのものである情動性が、われわれの現実の堅固な核にほかならない。

われわれの外部にある現実の絶対的・最終的な城砦は、われわれの欲望、われわれの意図、われわれの行動といったものに逆らうもののなかにある。その城砦はまた、われわれの思想に逆らうものでもあると言える。

〈すべては錯覚である〉と〈何ひとつ錯覚ではない〉の併存

苦悩や幸福のなかで絶対的現実が存在するという感覚をわれわれが抱くにもかかわらず、われわれの世界の現実が、ときにあやふやなものに思われることをどう理解したらいいのだろうか。

われわれの現実が、われわれにとって、あるときは明白かつ親密なものに見え、別のときには奇妙で謎めいたものに見えるのは、どうしてだろうか。われわれの現実が、あるときはほとんど現実性がないと感じられるのに、別のときには絶対的現実になるのは、どうしてだろうか。絶対的現実とは何だろうか。現実性の乏しさとは何だろうか。絶対的現実とわれわれの現実に対する現実感の乏しさとのあいだには、どんな関係があるのだろうか。現実の現実とは何だろうか。[14]

われわれは二つの〈真実〉が代わる代わる存在することを痛切に感じる。すなわち、〈すべては錯覚である〉という真実と、〈何ひとつ錯覚ではない〉という真実。

われわれの物理的世界を検討してみよう。物理的世界の物質性は現実である。なぜなら、われわれはそれを永続的に体験しているからである。空間はわれわれにとって絶対的に現実である。なぜなら、われわれはそのなかで動き続けているからである。時間はわれわれにとって絶対的に現実である。なぜなら、存在するのは現在だけであっても、過去はわれわれの記憶装置のなかに現前していて想像によって蘇生することができるからであり、未来は現在の一瞬一瞬において生まれるからである。

植物、花、蝶、猫、犬、河馬など、触知できる物理的対象は現実である。こうしたものすべ

(14) Paul Watzlawick, *La Réalité de la réalité : confusion, désinformation, communication*, Seuil, 1978.

ては完全に現実である。もちろん、すべては遅かれ早かれ死滅し、すべては形を変え、変化していく。ヘラクレイトスはこれを「万物は流転する」と表現し、ブッダ〔覚醒者〕はこれを「諸行無常（永遠不変のものはない）」と表現した。たしかにわれわれの現実はまことにはかないもので、変化し消滅する運命にあるが、まさにはかないがゆえに、なおいっそう貴重なものに思われる。美、善、愛など、現実のなかで最も貴重なものは最ももろいものであることを、われわれは感じ取っている。

しかしながら、宇宙物理学と量子物理学の進歩が、われわれの物理的世界を縮小し脱物質化した。アインシュタインは時間と空間を相対化し、時間と空間は宇宙次元において、絶対的なものではなくなり融合するものとなった。

時間と空間は量子論レベルでは消滅する。われわれの世界の時間、空間、物体といった物質的現実は、ミクロ物理学から見たその構成要素に照らしてみると、たちまち溶解するのである。頑丈なテーブルは、粒子で出来た原子が散在するだけの大きな虚空になる。さらに粒子は一つの場所に局限されなくなる。ミクロ物理学はわれわれの物理学とは別ものである。しかし現実はミクロ物理学に依存しているのである。そこにおいては、われわれの時間、われわれの空間、われわれの物体、われわれの第三項排除の論理は消滅する。アラン・アスペ[(15)]の実験が証明したように、われわれの現実においては、いかなるコミュニケーションも光の速度を超えて行なわれることはないのだが、分離していた粒子は瞬時に影響しあうのである。また一つの粒子が同時に二つの異なった場所に存在することができる。一つの粒子は、あるときは波動であり、別のときには微粒子である。まさにボーアが示したように、二つの逆の真実を相補的なものにする乗り越えがたい矛盾がここにある。言い換えるなら、この粒子はあるときは不連続的実体となり、別のときには連続的実体となる。そしてこの矛盾にもかかわらず、連続と不連続は密接不可分に結びついている。ところが、このミクロ物理学的世界は、われわれの物理的世界を形成するために密集しようとした瞬間に自壊するのだ。

われわれはこのパラドクスを巨大な宇宙の次元と類比したい。宇宙論の〈標準〉モデルは、時間も空間もなく潜在的エネルギーに溢れた不安定な虚空を起源として前提にしている。そこになんらかの噴火のようなものが生じて、そこから空間-時間が最初の物質的実体として同時的に生まれたということだ。宇宙は時空間をおのれとともに出現させたのである。それがわれわれにとっては空間と時間として分離されたということだ。その後、粒子が結合して原子となり、天体が形成されて輝き、われわれの世界が構成される。われわれの物理的現実の出現を遂

(15)〔訳注〕一九四七年生、フランスの理論物理学者。二〇二二年ノーベル物理学賞受賞。

行したのは、粒子、原子、分子、天体のあいだの組織的結合なのである。

われわれの現実は最初からあったのではなく、突然現れたのである

われわれの世界の現実は、現実としてのいっさいの根拠を奪われたかたちで出現したのであろうか。

ここで、現実の創発的出現という概念が決定的な解明の糸口を提供する。もちろん、この概念そのものが簡単に説明できるものではないにしても、である。創発的出現は、諸科学が取り込み始めている意想外の概念である。創発的出現は新たなタイプの現実であり、独自の性質と属性を備えている。それは、この目前の現実の性質や属性を備えていない諸要素の組織的編成を起点として形成され、構成され、具象化される。

たとえば、生命体は個々に生命の特性をいっさい備えていない物理–化学的分子を基に構成されたものであり、そのように構成され続けている。しかしながら、生き物を組織的に構成する複雑性は、分子に知られざる未解明の性質を付与する。すなわち、自己（自動的）修正、自

己（自動的）再生産、認知能力といったものである。生命の現実は、その自己組織化の複雑性に由来する。この自己組織化は自動的－エコロジー的組織化であり、これは自己の絶え間のない活動にとって必要なエネルギーを汲み出すために、自己にとって固有の環境を必要とする（エネルギーは絶えず損耗することを考慮に入れよう）。

植物、動物、家、機械、車、スーパーマーケットといったような物質的事物の世界のなかで身体と精神を備えた個人的存在としてのわれわれの現実は、その現実性そのものが創発的なものである。この創発的出現は、特定の生息場所を持たない構成要素、われわれの時間もわれわれの空間も存在しないミクロ物理学的構成要素を基にして行なわれる。

かくして創発的出現という概念は、われわれの現実をめぐる絶対的現実と相対的現実あるいは脆弱な現実との対立から生まれる二重感情を理解する手がかりを与えてくれる。われわれの世界の現実は百五十億年にわたる自己組織化のプロセスから出現したものである。物質的世界は物質性の欠如したミクロ物理学的諸要素を基にして不断に出現する。それらの諸要素の結合がわれわれの物質性を出現させるのである。[16] 物質が最初の現実であったわけではなく、現実が

(16) 哲学や唯物論科学において、また常識的にも、物質が最初の根源的現実であると見なされていることを想起しよう。

突然出現したのである。〔量子力学において〕〈デコヒーレンス〉と呼ばれるものは、多くのミクロ物理学的諸要素の結合が、ある限界を起点にしてわれわれの時間－空間的世界を出現させる現象のことである。

したがってわれわれの時間－空間的、物理学的、生物学的な現実は、明らかにある奇妙な現実の創発的出現なのであり、その現実をわれわれはわれわれの言葉や観察器具や探知器具や実験器具などを使って理解しようとするのである。しかしその現実はわれわれの論理ではつかみきれないところがある。

他方ミクロ物理学的な現実は、われわれの現実と比べてほとんど現実性を有していないが、われわれの現実はこの現実性なき現実に依存しているのである。しかしミクロ物理学という科学は、多くの思いも寄らない間接的あるいは隠喩的なアプローチしかわれわれに提供してくれない。

時間と空間は宇宙の形成のなかで／によって創発的に出現したものである。時間と空間は現実的なものであると同時に、時間でも空間でもないある未知のもの（〈虚空〉？）に依存する現実、われわれの現実の下の隠れた場所にとどまっているある未知のものに依存する現実を有している。われわれの現実は、われわれの愛や苦悩においてステファヌ・ルパスコ[17]が検証したように、われわれの情動において絶対的なものである。なぜならわれわれの世界の出現は、われわれわれの時間や空間が出現してはいない場所で別の現実性を備えた〈下部世界〉に大きく依存しているとはいえ、一つの現実にはちがいないからである。

ところで、この創発的現実は、(少なくともわれわれの感覚やわれわれの精神にとって)物象化する。〈réel〉=〈現実〉はラテン語の〈*res*〉=物に由来する。現実という概念自体が物象化されているのである。われわれの世界は、時間と空間によって互いに分離された多くの物から構成された巨大な物である。われわれの現実は物象化されたものなのである。

しかしながら私は、ここでニールス・ボーアの考えを採用したい。これは私が他所でも説明したものだが、ミクロ物理学の核をなすパラドクスはわれわれの物理学的・生物学的・人間的な現実のなかにあるという考えである。たとえば、分離されているものの分離不可能性が、われわれの世界のなかでわれわれに見合った特殊なかたちで見られる。微粒子はミクロ物理学から分離することはできても、〈分離されざる〉波動から分離不可能である。個人(個体)は種や社会から分離されていても、同時に種や社会から分離不可能である。われわれはわれわれの生物学的祖先から分離された人間であるが、生物学的祖先から分離不可能である。われわれは動物界から分離されているが、単細胞生物からわれわれにまで至ったプロセスから分離不可能

---

(17)〔訳注〕一九〇〇～八八年、ルーマニア出身、フランスの哲学者。

である。われわれは生命の起源である宇宙(コスモス)の物理的歴史から分離不可能である。

最も驚くべきことは、われわれの宇宙(コスモス)についての天体物理学的見方が、宇宙の下部に隠れたカオスを前提としていることであり、しかもそのカオスの起源が実在性のほとんどないもの――虚空――であると見なされていることである。ところが、この虚空が無限の潜在的エネルギーで構成されていて、このエネルギーが（なんらかの出来事や事故の結果）現働化し、隠喩的に〈ビッグバン〉と名付けられた熱爆発をもたらしたというわけである。かくして、最も実在性に乏しいと思われるもの――虚空――が、われわれの現実の起源であるということになる。したがって即自的現実というものはない。しかし宇宙＝世界の自己組織化があり、これが現実を生み出すのだ。

バサラブ・ニコレスク[18]が言うように、互いにまったく異質ではあるが密接不可分かつ相互依存的な現実性の諸次元が存在する。他方、われわれの宇宙＝世界に共存する前‐現実的、下部‐現実的、あるいは超現実的な不可視の現実が永続的に存在する。仏教で〈空〉と呼ばれるこの不可視の次元は、上位の現実あるいは〈ニルヴァーナ〉（涅槃）であり、これをわれわれは現実として捉えることができないが、これがさまざまな現実の基盤をなすものである。方以智[19]のような道教‐仏教系の思想家は、〈サンサーラ〉（われわれの世界）と〈ニルヴァーナ〉は二つの分離された世界ではなく、同じ世界の二つの極であると考えている。龍樹はさらに次のように言っている。「〈サンサーラ〉と〈ニルヴァーナ〉を区別すると、〈サンサーラ〉のなかに陥ることになる」。これは〈ニルヴァーナ〉は〈サンサーラ〉のなかにあり、〈サンサーラ〉は〈ニルヴァーナ〉のなかにある、ということを意味している。

複数の現実の総体が単数の〈現実〉を形成するのであるなら、〈現実〉は多次元的なものである（ピエール＝アンドレ・テルジアン）。私はとしてはこれを、現実という観念は超複雑なものとして捉え直さなくてはならない、というふうに言い換えたい。

超複雑な現実

連続／不連続、分離／非分離は、どちらも分離不可能である。非論理的であるかもしれないが、現実と非現実は互いに互いのなかにある（現実のなかに非現実があり、非現実のなかに現実

(18)〔訳注〕一九四二年生、ルーマニア出身、フランスの理論物理学者。
(19)〔訳注〕一六一一〜七一年、中国清朝の思想家・禅僧。

がある）。われわれの現実という織物には布地と穴があり、そこには論理の下部にあるもの、論理の上部にあるもの、非－論理的なもの、論理外のもの等々からなる、創発的に出現したものも含まれる。

創発的出現は論理的に演繹することはできないものである。それはただ確認することができるだけである。それは説明できないものであって、謎めいた物理的現実である。

カオスはコスモス（宇宙）に先だって存在するだけではなく、コスモスの内部にも存在する。コスモスは単に秩序であるだけではない。コスモスというのは、秩序、無秩序、組織といったもののあいだの永遠の対話であり、遡及的でもあれば反復的でもある。そこには、偶然という未知のものがつねに存在する。

人間世界におけるわれわれの知覚においても、現実は断片として分離されたときにしか規範的論理に従属しない。

ここで重要な問いが残る。すなわち、われわれは名状しがたい現実と結びついているのか、遠ざけられているのか、切り離されているのか？　われわれは現実に対して無自覚なまま直観的に参加しているにすぎないのか？　われわれの精神は、認識できず言い表しようのない現実といかなる関係を持つことができるのか？　考えられるのは、承認された思想の伝播、絶対的な予感や透視の確認といったものは、時間（予感、透視）や空間（テレパシー）にあいた穴のようなものであり、それは、われわれの脳が時間も空間も持たないこの不分離状態の現実に接線としてあるいは直観的に参加していることを示しているのではないだろうか、ということである。「われわれは二つの無限のあいだに存在する」とパスカルは言った。人間の知識はこの二つの無限のあいだにある中間的地帯で展開される。光が点滅する薄明りの地帯である。われわれはこの地帯にしがみついて、現実が思考可能なものを超え、そこで断片化し、融解することを読み取ろうと悪戦苦闘する。われわれは、この中間地帯の外側では、われわれの識別、われわれの論理、われわれの分離を確実なものとすることはできない。この現実の外側はカオスの様相を呈し、やがて虚空に沈み込んでいく。そして虚空は十全たる潜在性を包含している。

現実は超複雑なものである。現実は複数性、異質混交性、物象化、想像的なもの、不確実性、未知のもの、そしてミステリーを包含している。

ミステリー（謎＝神秘）は現実のなかにあり、現実はおそらくミステリーという語の二つの意味のなかに潜んでいる。（一）認識できないもの（二）われわれの生が展開される聖／俗の儀式。

しかしながら、非現実性で織り上げられ絶対的であるとともに錯覚でもある現実のなかで、人々が苦悩し、享楽し、生まれ、生き、死ぬという現実、この束の間のはかない現実がわれわれの〝まぎれもない〟人間的現実なのである。

第三章　われわれの宇宙＝世界

世界が無気味で謎めいているからといって、世界に対して異議申し立てをしないようにしよう。

フリードリヒ・ニーチェ

創造とは根本的に新しいもののことである。つまり、先立つものから派生したものではないもの、先立つものによって余すところなく決定されているものではないもののことである。

コルネリュウス・カストリアディス

人は大海を知らない井戸の底の蛙であろうか？　そうではあるまい。われわれは、天体望遠鏡、宇宙(コスモス)を航行するロケット、粒子を発見する粒子加速器といったものを有している。われわれはまた、銀河系星雲やブラックホール、暗黒(ダーク)エネルギー、暗黒物質(ダークマター)といったものを知っている。しかし、そういったものは宇宙のとてつもない巨大さや驚異をわれわれに教えるとともに、われわれを神秘(ミステリー)とは言わないまでも謎(エニグマ)へと導いていく。

ハッブル以降、宇宙論に進化した天文学ほど進歩した科学はない。とくにミシェル・カッセ、ユベール・リーヴズ、チン・スアン・トゥアン、ジャン＝ピエール・リュミネなどは、かつてない豊かで奥深い思考や考察を展開した。そして彼らは、宇宙の起源、性質、生成、運命についてかつてない新たな理解と奥深い無理解（わからなさ）をもたらした。

われわれにわれわれの精神をもたらし、われわれをそのちっぽけな子どもとして生み落としたこの宇宙の絶対的な奇妙さに、われわれは直面しているのである。

天地創造

始まりがあったとして、始まりから始めよう。

現在正しいとされている考えによると、突然の熱爆発がエネルギーを解き放って、われわれの宇宙を誕生させたということである。何がこの出来事を引き起こしたかということは知られていない。この出来事に先立つものは虚空であると推定されているが、この虚空は空っぽではなく、量子力学的変化に従属する潜在的微粒子を包含していて無限の潜在的エネルギーを有しており、この潜在的ネルギーが〈ビッグバン〉の爆発で顕在化したのであろうと推定されている。

この名状しがたいものを把握するために、虚空、潜在力、ビッグバン、特異性という四つのキーワードを想定してみよう。

道教はこれをもっとうまく表現している。すなわち「空と大地の起源は名前のないものである」。空っぽではない虚空はいっさいの合理的説明を受け付けない。〈空っぽではない虚空〉という概念は、こうした矛盾した状態を定義する言葉を見つけることができないという無力感を表わしている。それはまた、理解することができないものに仕方なく実体のない名前を与えることによって、理解することができないものへの恐れを表わしてもいるのだ。

そういうわけで、われわれの宇宙＝世界は〈無〉から生まれたのでもなければ、完全に空っぽの〈虚空〉から生まれたのでもない。それは無限の潜在的エネルギーを内に孕んだ虚空から生まれたのである。宇宙の起源としての虚空のなかに、無限のエネルギーがひとえに潜在という仕方で存在しているということは、そこではすべてが区別されておらず、すべてが分離されていないということを意味する。言い換えるなら、複数の分離された事物や実体とその変化を伴った宇宙＝世界の存在を可能にする分離装置としての空間や時間が、そこにはないということである。

そうすると、宇宙の始まりは、地面を這い回る幼虫がトンボとなって空中を飛び回るような途方もない変身によるものであろうか？

このことはわれわれに悩ましい問題を提起する。この虚空は始まりも終わりもないもの、つのなのか、それとも固有の始まりを持っているものなのか、それとも創造されたものではないということなのか、という問題である。そして始まりがあるとして、その始まりは、ロジャー・ペンローズ[1]の仮説によると、ひとつのサイクルの終わりと符合するものではないとのことである。エティエンヌ・クライン[2]は、これと近い発想で、なんらかの先行的な宇宙が極度に圧縮されて、それが膨張する宇宙の誕生を引き起こしたという仮説を唱えている。この二つの仮説は論理的に解決不可能な問題にわれわれを直面させる。すなわち、このサイクルは始まりを有しているのか？　有しているとして、それは何から始まっているのか？　われわれはここで、論理的アポリア、われわれの理性の限界に逢着する。これはカントが気づいたことでもある。われわれは何もないところから何かが始まるということや、永遠には始まりがないということを、考えにくいのである。生まれるか生まれないのか、これが問題なのだ！

ヘーゲルは〈存在〉と〈無〉は同義語であると述べた。なぜなら、この両者はいずれもいかなる決定によっても制限されないからである。〈純粋存在〉は〈純粋無〉と同様に無限定なものである。前者は絶対的完全性のなかにあり、後者は絶対的空虚のなかにある。われわれの起源としての虚空は潜在力の完全性の同義語であり、この潜在力はひとたび解き放たれると、宇宙＝世界を創造することになる。あるいは、宇宙＝世界の複数性を不断に創造すると言ってもいいだろう。それはミシェル・カッセの表現を借りるなら、栓を抜いたシャンパンの泡のようなものである。

われわれの宇宙＝世界が発源した〈空っぽではない虚空〉だけが奇妙なのではない。この発源そのものも奇妙である。それは虚空の〝おなら〟であろうか？〈名付け得ぬもの〉が分泌した心霊体(エクトプラズム)であろうか？単なる戯れであろうか？そうだとしたら奇妙な戯れである。虚空から突如光が現れ、次いで物質が出現し、ある宇宙が組織されたのは、偶然によるものなのか、あるいは必然的なものなのか？[3]。

フレデリック・ネフの仮説[4]によると、二つのブレーンワールド（膜宇宙）の衝突によってわれわれの宇宙が生まれた。この仮説はこの二つのブレーンワールドの起源ならびにその衝突の

（1）〔訳注〕一九三一年生、イギリスの数学者・物理学者。日本語訳に『皇帝の新しい心』（みすず書房）など。

（2）〔訳注〕一九五八年生、フランスの理論物理学者・科学哲学者。

（3）さらにミシェル・カッセは、無数の天体に惑わされることをやめ、銀河系と天体とのあいだにある巨大な虚空を注視するなら、われわれの宇宙＝世界はほとんど空っぽである、と指摘している。われわれの日常的宇宙＝世界の一見濃密で堅固な物体が実際には原子があちこちに散らばった虚空であることを考えれば、われわれの宇宙＝世界はほとんど虚空であるということになる。

（4）Frédéric Nef, *La Force du vide*, Seuil, 2011.

起源は何かというミステリーにわれわれを誘う。

もうひとつはイリヤ・プリゴジンの仮説である。プリゴジンは、起源は特異性ではなく、不安定性であると考える。起源は虚空ではなく、ある本源的な時間を包含した前－宇宙であると言う。熱膨張ではなく、エントロピーの噴出であり、始まりではなく局面の変化であると言う。この仮説もまた、大きな難問を有している。つまり、前－始まり（始まり以前の始まり）と始まりそのものを、どう判別したらいいのか難しいのである。

エティエンヌ・クラインはというと、彼はそもそも起源なるものに疑問を抱いていて、こう述べている。「われわれは宇宙が無から生まれたという科学的証拠を有していないし、宇宙には起源がないという科学的証拠も有していない。……問題は起源があったのかどうなのかということだが、これがわからないのだ！[5]」。

これらのすべての仮説について言えることは、誕生（出現＝始まり）は変化として考えることができるということである。そして変化はつねに新たな現実を出現させるということである。

ギリシャ人は〈カオス〉は〈コスモス〉の生みの親であると考えた。カオスは無秩序ではない（カオスを無秩序と考えるのは還元主義的ヴィジョンである）。カオスが判然としない仕方で孕んでいるのは、秩序・無秩序・組織化の潜在力である。カオスからコスモスへの移行はこの潜在力の顕在化であり、そのときこの潜在力は対立的であるとともに相補的でもある諸力に生成する。こうした私の言うカオスの概念は、起源前的虚空と部分的に重なり合う。なぜなら起源前的虚空は、宇宙を創造するために噴出するエネルギーをおのれの内部に渾然と孕んでいるからである。

付言するなら、われわれの宇宙＝世界は、その秩序／無秩序／組織化の対話的関係においてカオス的なものを保ち続けている。この三つは秩序と無秩序の分離不可能性、そのカオス的とも言える予見不可能なプロセスのなかで、対立的であるとともに相補的に機能する。ただしこのプロセスのあり方はしだいに明らかになってきてはいる。完全な秩序に従うものもあるが（たとえば地球の自転の速度が幾百万年ものあいだに変化するといった場合）、災厄とも言える生成変化の不確実性もある（天体の衝突、星の大規模な突然消滅、ブラックホール）。そして地球上では、小惑星の衝突落下、火山噴火、古生代末期に生息していた種の絶滅などが起きている。

カストリアディスは虚空と呼ばれるものとカオスと呼ばれるものが結びついていることを予感した。というのは、彼は〈カオス／深淵／底無し〉という表現をよく使っているからだ。カストリアディスにとって、〈カオス／深淵／底無し〉はコスモスと別の次元ではなく、むしろ

(5) Cf. Étienne Klein in *La Recherche*, hors série « Le temps », p. 52.

すべてのものの裏側である。カストリアディスはこう言っている。「すべての表側の裏側、[…]すべての具体的存在の後ろあるいは下方にあるもの、これは同時に創造的潜在力である。ラテン語で言うと〈*vis formandi*〉（形成力）と呼ばれるもので、形や組織化された存在を出現させるものである」。

これを〈創世記〉と関連づけると興味深い。〈*Bereshit bara Elohim*〉、すなわち〈神が始めに創造（分離）した〉というわけだ。

〈*Bereshit*〉とは〈始まりにおいて〉ということであるが、ヘブライアルファベットの二番目の文字、数字の2の同義語である。つまり〈始まり〉自体が二重性を帯びていて、分離からすべてが始まるということである。聖書はこれを天と地の分離と言う。しかし実際には、時間と空間による宇宙＝世界の諸々の事物の分離である。付言すると、エロヒム（神）は複数的単数で、精神の複数性あるいは〈一者〉としての〈神々〉であり、物理学的に言うと、諸力の結合という複数性から生まれる渦のことである。（渦というのは宇宙——渦巻星雲——の発生形態であり、おそらく分子が結びついて渦となり組織化が始まるといった仕方で生命の起源をなすものであることに注意されたい）。

かくしてわれわれは、隠喩的にではあるが、宇宙＝世界が虚空から（分離の困難を内に抱え込みながら）分離して創造されたという出来事の前に立たされる。そしてこの宇宙＝世界は時間と空間による分離を自らの内に孕んでいる。グノーシスやカバラの教え、あるいはオリゲネス[6]によると、世界は神の完徳性の失墜あるいは崩壊によって生まれたものであり、悪は分離された諸物のなかにある。〈悪魔(ディアボロス)〉が分離を行なうものだとすると、世界は分離によって生まれるのだから、世界の創造という行為は悪魔的行為であるということになる。しかしこの悪魔的行為は、それを補完する神の統合力によって緩和される。すなわち、われわれがすでに言及してきたように、分離されたすべてのものはある意味で分離不可能なのであり、分離不可能なすべてのものはある意味で分離されているのである。

こうした宇宙＝世界発生の特異性は、ヘラクレイトスの言う〈創造主としての火〉を喚起する途方もない火炎（〈光あれ〉、そして光が現れた）を想起させる。宇宙＝世界は創造主を有していない。それはある爆発から始まって自己創造的につくられたのである。この創造は物事の曖昧な状態から組織化された状態への変容として生じる。かくしてわれわれは、われわれの宇宙＝世界に先立つ上位の存在たる神がわれわれの宇宙＝世界を外部からから創造したと断定する創造説から脱却することができる。

（6）〔訳注〕一八五年頃〜二五四年頃、初期キリスト教アレクサンドリア学派の神学者。日本語訳に『諸原理について』（創文社）ほか。

（神学の神による創造説に対して）自己創造の仮説は、〈オッカムの剃刀〉（単純化原理＝思考節約の原理）をわれわれの宇宙＝世界に直接適用することができる。すなわちわれわれの宇宙＝世界は、粒子、波動、時間、空間といったものを同時的につくりだすことによって、自己創造的につくりだされたのである。そして、対立的かつ協同的な対話体――秩序／無秩序／相互作用／組織化――をつくりだすことによって自己組織化されてきたのである。

かくして、以下のような問い――われわれの宇宙＝世界はどこから来たのか？　誰がそれを形成したのか？――に含まれる大いなる意図からわれわれは脱却することができる。そして大いなるアルゴリズム――起源への数学的思考のテクノクラート的投影――から脱却することができる。さらにわれわれは、宇宙＝世界には誕生したときからショーペンハウアーの言う〈生への意志〉があるということを認識することによって、始源的意図から脱却することができるのである。

秩序の原理（そのなかには知られていないものもあるかもしれない）には、四つの〈法則〉がある。重力、電磁気、強い相互作用（核力）、弱い相互作用（核力）の四つである。無秩序は熱エネルギーのなかに遍在している（熱力学第二法則）。事象と衝突はランダムつまり偶然による。

偶然はコスモスのなかに残るカオスの子どもである。偶然はいたるところに存在するが、世界は偶然に従属するわけではない。偶然はおそらく偶然ではない。グレゴリー・チャイティン(7)

は偶然をアルゴリズムの非圧縮性――アルゴリズム化不可能性――という観点から説明しているが、「あらゆる驚きの原因」（ヴァレリー）としての偶然が偶然に属しているかどうかを知ることは不可能である。

われわれの宇宙＝世界が十五くらいの物理定数の精密な〈微調整〉によって初めて具体的な姿をとることができたということは驚くべきことである。

この微調整は、生命をもたらし、ついには〈ホモ・サピエンス〉の到来を可能にした知的意図の存在を信奉する者にとって論拠を提供する。しかも〈ホモ・サピエンス〉は、四十～五十億年の余命を有する〈太陽〉がまだ若いころに出現したのだから、素晴らしい未来を約束されているのである。

宇宙物理学者のなかには、ミシェル・カッセのように、無限に存在する虚空の宇宙が絶えず噴出しているが、組織的調整が行なわれないためにシャボン玉のように砕け散っているのだと考える者がいる。したがって、よく調整されたわれわれの宇宙＝世界は途方もない偶然の産物

（7）〔訳注〕一九四七年生、アルゼンチン出身、アメリカの数学者。日本語訳に『数学の限界』（エスアイビー・アクセス）ほか。

であると考えることができるのである。

大いなる出現

「統一された宇宙があるとしたら、その宇宙は変化しないだろう」とイリヤ・プリゴジンはいみじくも言った。宇宙の法則はひとつではない。宇宙の法則は対立するものの相補性に基づいた〈対話的論理(ディアロジック)〉の法則である。この法則は絶対に対立を取り除くものではない。〈対話的論理〉の法則はまた、分離しているすべてのものは結びついているということをわれわれに伝える。

すべてを統べる至高の法則の探究は根拠のないひとつの世界に根拠を求める。なぜ根拠がないかと言えば、その世界は変化を引き起こす基となる始源的エネルギーの噴出から突然創発的に出現した組織からやはり突然創発的に出現したものだからである。

物理的世界の創造力は、宇宙のゴミを寄せ集めて天体をつくる重力と星を形作る素材の集中から発する火との衝突や合体のなかで起きる数え切れないほどの偶発的事態として現れる。かくして星は幾十億年にわたって、爆縮と爆発のあいだで絶えず自己創造・自己組織化を繰り返すのである。創造力は無数の星の絶えざる誕生にともなって、あふれんばかりの銀河系のなかで貯えられ、少なくとも地球という小さな惑星の上で解き放たれて生命の誕生とその豊かな展開として表出される。

しかし創造は破壊と切り離せない。微粒子や原子核の創造は物質と反物質の微粒子間の衝突でもある。創造／組織化の原理が発動すると同時に、同じように、分解、散逸の原理が発動し、熱力学第二法則――時間的に不可逆的なエネルギーの散逸――が部分的に明らかにした死がもたらされる。

かくして私が他所で検証した次のようなパラドクスが生じる。[8] すなわち、世界は自己解体しながら組織化される。ブランキはこの真理の一面をすでに一八七二年に表明している。すなわち「世界は永続的なカタストロフである」と。組織創造の驚くべき運動は、最初の爆発のもたらした災厄を食い止めるために生じたのであろうか？

世界は測りがたい惨事を抱え込んでいて、それはわれわれ人間の運命のなかに現れている。諧調的世界の哲学者たちはその惨劇の一面しか見ようとせず、その悲劇性について無知である。

(8) *La Méthode*, 1, pp. 33–93, Seuil, coll. « Points ».〔モラン『方法1』四〇～一三七頁〕

しかし宇宙＝世界は、不和と和合、諧調と乱調の共存といったヘラクレイトスの言うような仕方で存在しているのである。銀河系星雲は衝突し、星は爆発し、大異変がペルム期の終わりに生き物の世界全体を襲った。人間の歴史は単に文明の誕生と開花の歴史ではなく、文明の死の歴史でもある。世界は途方もない創造の力であり、また途方もない破壊の力でもある。秩序／無秩序／組織の〈対話的論理〉はおのれの内に生と死を合わせ持っているのである。

反復、繰り返し、再開は、星の存在、生き物の存在、人間の存在、社会の存在にとって必要不可欠である。しかし、誕生、刷新、創造もまた同じく必要不可欠なのである。そして分解、退化、死も不可避である。世界はつねに生まれつつあるとともに死につつあるのだ。道はつねにその逆の道に通じている（道教）。

完璧な世界はありえない。そのような世界は純粋秩序であり、変化不可能の世界である。完全性はこの世界のものではなく、またいかなる世界のものでもない。世界は不完全性つまり無秩序を必要とするのであり、死によって働きかけられることを必要とする。不完全性は世界にとって必要である。最良の世界の可能性は同時に最悪の世界の可能性に通じている。はたしてこの二つの世界は符合するのかしないのか、われわれは知ることができるだろうか？

世界は恐るべき運命に見舞われているが、テイヤール・ド・シャルダンの言うような大いなる意図に従属しているわけではない。[9] テイヤールは物事を複雑化しているだけである。生命の素材の複雑化は度を越すと取るに足らないものになる。それはおそらくわれわれの小さな惑星だけに限られたものであり、せいぜい無数の星のなかのいくつかの星だけに限られたものであろう。人間生活の複雑化はあらゆる方向に分岐して生い茂る進化のなかでは取るに足らないものである。これを世界の主要な合目的性と見なすことは難しい。もし大いなる意図があるとしても、それはミステリーであり、認識できないものである。それはいっさいの理性を超えたものであり、不条理なものである。もちろん「不条理ゆえにわれ信ず」という立場を否定することはできないが……

われわれは創発的出現にほかならない宇宙＝世界の前に投げ出されているのである。私はこの考えをマルク・アレヴィーと共有している。[10] 宇宙＝世界は創発性原理に基づいて構築されたのであり、その状態は今も続いているのである。

（9）〔訳注〕テイヤールのキリスト教的進化論は、人間の叡智は生命のオメガ点へと進化の道をたどり、人間・生物・宇宙はオメガの実現において完成され救済されるとする。モランはこれを批判する。

（10）Marc Halévy, *Un univers complexe. L'autre regard sur le monde*, Oxus, 2011, p. 37 *sqq*., et aussi p. 105 *sqq*.

宇宙＝世界は何かが自己組織化し始めたときに出現した。時間と空間はその自己組織化から出現したのであり、最初から構成されていたのではない。この自己組織化にかかわるあらゆる特性（重力、電磁気、強い相互作用、弱い相互作用）は創発的なものである。われわれの現実は創発的なものなのだ。時間はこの創発性によって創発性のなかでしか存在しえない。空間もこの創発性によって創発性のなかでしか存在しえない。[11]

われわれの世界の特性は、この世界がこの世界以外のいっさいの存在を欠いた創発的なものであるところにある。時間、空間、分離した物体が互いに溶け合っている、この世界のミクロ物理学的基盤も創発的な特性を有している。

時間と空間は存在するとも言えるし、存在しないとも言えるのである。

フレデリック・ネフはこう言う。「物理学体系の柱であるニュートンの法則は、ロバート・B・ラフリン[12]の次のような指摘に照らすと創発的なものである。すなわち『この法則は根元的なものではなく、堅固かつ流動的な量子的物質の集合の結果生じたもの、つまり集合的な組織化現象である』。付言するなら、〈ヒッグス場〉に照らすと、虚空から物質的特性を備えた場を出現させることができること、あるいはそういった場の出現を観察することができることが知られている[13]」。

物理学は、微粒子から天体に至るまで、そして重力や電磁場のようなものまで〝力づくで〟

宇宙＝世界を多様な構成的物体に還元する。

物理学は秩序の法則を再調査した。その結果、熱運動における無秩序の原理と、熱力学第二法則という不可避的に死に至る法則を発見した。物理学は宇宙を散逸に導く暗黒(ダーク)エネルギーを発見した。しかし物理学は組織化原理を見つけることはできなかった。ところで、すべての組織は創発力によって新たな性質と現実をつくりだす。組織化の複合性を帯びた発展は、おのおのの組織化の段階において、新たな創発的特性を産出（創造）する。

物理学はまた、宇宙の誕生から始まり、われわれを通して善と悪の闘争と相補性のなかで持続している、組織と破壊とのあいだ、そして生と死とのあいだの巨大な宇宙的紛争を、自らの言葉に翻訳することはできなかった。物理学が表現することができなかったのはエロス（結合の力、連携の力、統合の力）とタナトス（分離の力、紛争、破壊）である。エロスとタナトスは

（11）おそらく「宇宙(コスモス)のなかにある多数の塊を結びつける〈時間－空間〉は虚構である。〈時間－空間〉は、ニュートンに反対するライプニッツが考えたように、関係の広がりであり物質的なものではない」（ベルナール・デュゲ〔フランスの人間工学研究者〕http://bdugue.typepad.com/）。

（12）〔訳注〕一九五五年、アメリカの理論物理学者。日本語訳に『物理学の未来』（日経ＢＰ）。

（13）Frédéric Nef, *op. cit.*, p. 175 *sqq.*

休むことなく闘うが、互いに別れることはできないし、互いの存在なくしては生き延びることもできない。宇宙(コスモス)で起きていることが別のかたちで人間の世界で起きているのである。

宇宙＝世界はその始まりから、自らの死に抗する自らの生のために闘っている(苦闘している言うべきか)ような印象を受ける。「生まれたものはすべて死に値する」とニーチェは言った。生まれたときから死ぬ運命にあるということだ。組織解体は組織を破壊するに至り、分散させる暗黒(ダーク)エネルギーは集中しようとする重力に優る。

われわれの宇宙＝世界はやがて終焉に至るのだろうが、それがすべてのものの終わりなのか、別の宇宙＝世界を誕生させるために終焉するのか、われわれは知ることができない。

しかし、すでに述べたように、ハッブル以後、われわれの宇宙についての発見の巨大な進展は目を見張るような知識をもたらしている。

無数の天体を生じさせ幾十億年にもわたって生きさせる火にわれわれは驚嘆し唖然とするほかない。星の生において、火は消耗し燃えつきていくが、この火は同時にわれわれの共同組織者なのである。[14] 星のなかには、火の狂気と火とともに行なわれる組織化が共存している。「すべては火に変わり、火はすべてに変わる」(ヘラクレイトス)。

重力の圧縮的力と火の発生によって解き放たれた爆発的力とのあいだの〈対話的論理〉は、

星の生命を維持する調整を行ない続ける。幾十億年ものあいだ、途方もない火が赤く燃えて光を発し、そのとてつもなく巨体な突起から涎をたらし嘔吐する。それはあたかもすべてをむさぼり食い、すべてを破壊するかのようだ。そしてその火は絶え間なく制御される。しかしながら、生きとし生けるものすべての宿命として、星にも突然の死が訪れる。

ブラックホールなるものが存在することに驚かずにいられようか。偉大な研究者ジョン・ホイーラーは次のように言っている。「それ〔ブラックホール〕の存在は、空間は一片の紙と同様にしわくちゃにして無限の小さな点にすることができることを教えてくれる。また時間はロウソクの炎のように吹き消すことができること、そして物理学の法則は聖域でもなければ絶対不変のものでもないことを教えてくれる」。

七十兆もの目に見える星が確認されているが、目に見えない星はさらにたくさんあり、二千億もの銀河系星雲がある。

(14) われわれのなかには、星のなかの何かが弱められたかたちで存在する。われわれの情熱がその火をよみがえさせるのだ。ヴィクトル・ユゴーは、「われわれのすべての情熱は星を映し出したものである」と言っている。わわれのなかでは、星のなかにおけるのと同じように、何かが燃焼しているのだが、われわれの身体のなかではその燃焼が緩慢なのである。わわれのなかには、星のなかにおけるのと同じように、燃え上がる狂気と組織化の理性の結合がある。

われわれの太陽システムは、百万度という高熱の希薄気体の泡のなかに漬かっていて、一千光年の長さである。このとてつもない数字は何を意味するのだろうか？　しかしミクロ物理学的宇宙に関わる数字もこの〝天文学的〟数字に優るとも劣らない。われわれの身体は幾十億もの細胞を有しているのである。こうした数字は、そこに巨大な持続性が宿っていることを暗示しているのではないだろうか。

たしかに、ある見方からすると、宇宙＝世界は無限の破片として解体されうるが、別の見方からすると、そこには巨大な組織体がある。われわれ人間の人体のなかで、細胞が数え切れないほど死滅して別の細胞に置き換えられ、われわれの分子が解体されて別の分子に置き換えられるのと同様に、宇宙では星の死に伴うブラックホールが宇宙的生命を体現している。

カオスから脱却するような叡智は存在するのだろうか？　宇宙組織のなかに認識力を有する何かが存在するのだろうか？

天体のなかに生命を探すのはやめよう。宇宙のなかに可能性を秘めた特異な叡智を探すことにしよう。

物理学のブラックホール

物理学的知識の進歩が逆説的にもたらしたのは、未知なるものとミステリーだけではない。この進歩はまた、解決不可能な問題をもたらした。たとえば、アインシュタインの相対性理論と量子物理学を結びつけることは必要ではあるが不可能でもある。この二つは、それぞれが互いに宇宙のある一面しか明らかにすることはできないものであり、そのとき互いの一面は隠蔽されるのである。つまり互いに他の領域を隠蔽することによっておのれの領域が成り立つのである。また、標準的宇宙論が直面する数学的・論理的難問がある。そのため、標準的宇宙論はますます問題化され検討対象になっているが、しかしそれに取って代わるものはまだ登場していない。そのため、かつてアインシュタインの相対性理論や量子物理学が旧来の理論を革新したように、現状を革新する〈新たな物理学〉への希求が高まっている。

この新たな物理学が生まれるまで、熱力学やハッブルの天体物理学を起点として時間が重要な位置を占めることになる。遡れば、ラマルク[15]やダーウィン以降、生命の豊かな進化を理解す

(15) 〔訳注〕ジャン＝バティスト・ラマルク、一七四四〜一八二九年、フランスの博物学者。進化論の初期の提唱者。日本語訳に『動物哲学』（岩波文庫）。

るために、時間が重要になってきた。さらに言うなら、ヒト化、〈ホモ・サピエンス〉の出現、そして人間の全歴史を理解するためにも、時間が重要な位置を占めている。

しかし、忘れてならないのは、われわれの宇宙の中心軸である時間は不可解なものであり不可解なものであり続けているということである。そうであるがゆえに、物理学はサディ・カルノー[16]に至るまで、時間（の問題）をあっけらかんと無視していたのであり、その後も長いあいだ〈閉ざされたシステム〉のなかに孤立し、そのため宇宙に進出することができなかったのである。この物理学の宇宙への進出は一九二九年、エドウィン・ハッブルとともに到来した。これ以降、生まれ、生き、死ぬということについて知られているすべてのことは、理解不能で計り知れないものに依拠しているということになる。

それはさておき、宇宙が驚異的なシステム的創造力を有していることはたしかである。その力は多様な要素を集めて組織化し、新たな創発的特質を備えた全体性をつくりだす。たとえば分子は原子を組み合わせて未知の特性をつくりだす。天体もしかり。天体は火や太陽系惑星群の衛星システムをつくりだすだけでなく、ヘリウムの三つの核の瞬間的結合によって内部に炭素原子のような新たな原子をつくりだす。天体はさらに、第三の惑星において生命の組織化に必要となるであろうすべての素材をつくりだす。

人間世界は、その組織、秩序、無秩序、結合、断絶、熱狂、爆発、文明の誕生と死、ブラックホール、創造力、不確定、といった性格において、宇宙（コスモス）のイメージに匹敵する。

占星術はわれわれの感情が個人的に（生まれつき漠然と？）星と結びついていると見なしている。とにかく、われわれは宇宙（コスモス）の子なのである。われわれは誰しも、宇宙（コスモス）の始まりに生まれた微粒子、われわれの太陽に先立つ燃える星の中心部で作られた原子、大地で形成されるか隕石からもたらされた分子、単細胞生物や多細胞生物・真核生物、動物、魚類、両生類、哺乳類、霊長類などに由来する分子を、わが身のなかに孕んでいる。われわれは宇宙（コスモス）の歴史と生命の歴史をおのが身に抱え込んでいるのである。しかしわれわれは、われわれの文化、われわれの言語、われわれの意識の独自性によって分離されている。宇宙（コスモス）はわれわれのなかにあり、われわれは宇宙（コスモス）のなかにあるということを、いまいちど認識し直さなくてはならない。

宇宙（コスモス）はどんな冒険に向けて発進したのか？　宇宙（コスモス）はわれわれをどんな冒険に向かわせようとしたのか？

---

(16)〔訳注〕ニコラ・レオナール・サディ・カルノー、一七九六～一八三二年、フランスの軍人・物理学者。熱力学第二法則の原型をつくった（一八二四）ことで知られている。

第四章　進化のなかにおける生命と革命

すべての生き物は自分が死ぬことを知っている。
その証拠はすべての生き物が死に抗って
闘おうとするということであるが
しかしすべての生き物が
そのことを自覚して
いるわけでは
ない。

生命はちっぽけな惑星のなかにおける物理的世界によって生み出された。

生命は物理‐化学的世界と連続的であると同時に不連続的でもある。

生命は分子的結合によってなされるその構成によって／構成のなかで物理‐化学的世界と連続している。生命は物理‐化学的複合化という地球の過程と連続している。生命はその誕生のときから、物理‐化学的条件や出来事の総体と連続的関係にある。おそらく特殊な熱力学的条件（渦）によってあるタイプの組織がもたらされたのである。そしてその組織は全体として高分子をつなぐ関係からなっているのだが、単純な高分子的組織化よりもはるかに広大で複雑である。この組織は新たな創発的特性をもたらすすべての物理‐化学的組織化と連続している。この組織は秩序／無秩序／組織という物理的世界に固有の〈対話的論理〉——エコシステムと生命圏のなかで展開される〈対話的論理〉——と連続している。この組織は、共生、寄生、社会化と分散、競争、紛争といったものをつくりだす結合と分離の〈対話的論理〉と連続している。この組織は宇宙のなかですでに作動している創造／破壊の〈対話的論理〉と連続している。

しかし生命の組織はまた、不連続的でもある。なぜなら、この組織は組織型としてはまったく新奇なもので、自律性をもたらす自己組織化の機能を有しているからである。生命の組織はこの組織が糧と情報を得ている環境に依存しているがゆえに、物理‐科学的世界と不連続的である。つまり、この組織は自律的自己組織化がもたらす創発的特性によって物理‐化学的世界と不連続的であり、その自律性のなかで、自らを養うために外部のエネルギーを捕獲し、自己修整、自己再生産を行なうことができる。生命の組織は、認知能力、知性と感性の創発性という点で物理－化学的世界と不連続的である。この組織的不連続性は根元的である。活発な自己組織化はＤＮＡのなかでプログラムとして活性的に作動するエングラム（記憶痕跡）を発生させ、これがタンパク質に適合する。この持続的・再生産的ＤＮＡを脆弱で暫定的なタンパク質に結びつける二重システムが創発的組織化であり、ここからシステムとしての物理－化学的創造力とは不連続の（断絶した）生命の形態や器官の増殖的創造力が生まれる。

生命は物理－化学的世界と不連続的である。なぜなら生命は、個人や種において生きようとする旺盛な意志を活性化する合目的性を有していて、個人や種を死に対する永続的闘いに向かわせ、再生産を行なうからである。生命は死との親密で特殊な関係性――それは抵抗、闘い、統合である――において不連続的である。

生命は組織の創発的出現として現れる物理的創造力を統合するが、再生産と刷新として現れる生物学的創造力を有することによって、物理－化学的世界と不連続的である。この不連続性は、植物種や動物種など無数の多様な種が有機体や器官の多数多様な創造性を伴って出現することに明示されている。

生物学的なものの出現のなかには、いかに複雑な二重の飛躍があることか！　それは生命を絶え間なく産出する自己組織化であると同時に生命を多数多様化する自己再生産なのである！

あとでもっと詳しく述べるが、生命はこの複雑な二重の飛躍のなかで、さらに根元的な不連続性を構成する。二重の飛躍とは、エコロジー的自己組織化と、分裂増殖——次いで発芽そして／あるいは性的活動——による自己再生産のことである。

生命は物理－化学的宇宙のなかで異例の現象である。生命は物理－化学的宇宙から生まれるとき、物理－化学的宇宙に似ることをやめたものであるために、よりいっそう異例の現象なのである。生命においては、その組織化、再生産、創発的特性など、すべてが驚くべき現象である。しかし、すべてが矮小化されている。生物学者の分析的視線は分子しか見ようとしない。プログラム、情報、偶然、分子といった言葉は生きた組織の複雑性を隠蔽し、生命を陳腐化して化学情報的文脈に還元する。それはたしかに有用であろうが、物事を単純化するものである。人々の心のなかに時折よみがえってくる詩的精神だけが、生命の不思議に驚き、感嘆し、生きることをいとおしく思うことができるのだろう。

ハインツ・フォン・フェルスター[(1)]やアンリ・アトラン[(2)]など、二十世紀の半ばに〈生きた機

（1）〔訳注〕一九一一～二〇〇二年、オーストリア系アメリカ人の物理学・数理哲学・サイバネティクス研究者。

械〉を着想した思想家のなかで出現し展開された自己組織化という重要な概念は、それを活用し発展させるべきであった生物学者によって無視された。還元主義的科学に則る者たちは、分子的構成要素しか見ようとせず、生命は存在しないとまで言うようになった[3]。

生きることは自明の事実なのだが、神秘(ミステリー)はこの自明性のなかにある。われわれ自身もまた、たいてい、生きることを当たり前のこととして、その自明性とは何かを自らに問うこともなく生きている。生きるとは何だろうか？　人はなぜ生きるのだろうか？　この問いかけをしたとたん、生きることの自明性は謎(エニグマ)になり神秘(ミステリー)になる。

死に対する生の応答——再‐発生と再生

生命現象は、その構成要素において全体として物理‐化学的なものであるが、その組織や特性においては独自性を持つ特殊なものである。生命は物理‐化学的な遭遇／結合から生まれ、その遭遇／結合に依存しながらもそれを組織しコントロールする。生命現象は物理学的なものに従いながらも物理学的なものを生物学的なものに従わせるのである。

生命現象は数え切れないくらいの偶然や符合に依存したものであると思われる。そうした偶然や符合が数え切れないくらいの高分子の結合／連携や例外的状況——渦巻や嵐——をもたらし、生命現象の誕生を可能にしたのである。フランシス・クリック[4]はさらに、分子のなかには石質隕石によって到来したものもあると考えている。この新たな仮説によると、火球との衝突によって大異変が生じて、大気を保護する磁場が形成され、これが生命の誕生にとって好都合の状況を生み出したということだ。またジャック・モノー[5]は、すべての生き物が同じ発生論的コードと同じタンパク質組織を有していることから見て、地上で統一的に誕生したと考えた。したがって、生命は巨大な宇宙（コスモス）のなかにおいて、ひとつの小さな惑星上だけの孤立した現象だ

（2）〔訳注〕一九三一年生、フランスの生物物理学者。日本語訳に『結晶と煙のあいだ』（法政大学出版局）ほか。

（3）生命は核タンパク質の自己組織化から創発的に出現した特性の総体であることだけは知っておこう。

（4）〔訳注〕一九一六～二〇〇四年、イギリスの分子生物学者。DNAの二重螺旋構造の共同発見者。

（5）〔訳注〕一九一〇～七六年、フランスの生物学者。日本語訳に『偶然と必然』（みすず書房）ほか。

と思われる。

また、プリゴジン的な熱力学に依拠して、生命の形成はそれほど異例のことではないと考える者もいる。地球と類似した性格を有する惑星がたくさん存在すると思われることから、宇宙には別の生命の形態が存在すると考えるのである。しかし、これまでのところ、生命の存在するるしは見つかっていない。また、地上でも、DNA－タンパク質関係によって制御された生命組織と別のものは出現していない。

生命の誕生はきわめて偶然的な符合(コインシデンス)によるものだが、生命は誕生したとたん、猛烈に生きようとする意志を示した。

それはなぜかというと、生命は生まれたときから死に寄生されていたからである。

生き物の自己組織化は絶えず解体に見舞われている。自己組織化の永続的活動はエネルギーの消費を伴い、死に通じる劣化の過程を包含している。それゆえ環境からエネルギーや組織化や情報を汲み出さねばならない。生き物の自律はエコロジーへの依存によってしか維持することができないのである。そこからエコロジー的自己組織化という概念が生まれる。そして同時に、自律は、自律的であるために環境に依存する必要があるという逆説が生じる。

生命は絶え間のない作業である（睡眠時でも心臓の鼓動、血液循環、肺呼吸が必要とされる）。その作業はエネルギーを消費し、生命を死に導くものだが、同時に死に抗する絶え間のない闘いをも行なう。どんな生きた活動もエネルギーを消費する。生命はおのれの環境のなかからエネルギーを見つけなくてはならない。つまり自分で自分の糧を得なくてはならない。生命は絶えず栄養を自己補給しなくてはならない。単細胞生物から植物、動物に至るまで、すべての生き物はこの必要を体験する。植物はエネルギーを葉から獲得し、根から栄養を自己補給する。動物は、ひれ、脚、翼などを使って食べ物を探すが、狩りの餌食にもなる。生き物の活動は死との闘いをもたらすが、それは他の生命を抹殺することにもつながる。多細胞生物の場合、自らの細胞を死滅させて新しい細胞に置き換える。

生命は複雑になればなるほど、弱体化し死に脅かされ、死に抵抗するために自らの細胞の死滅を利用してまでも自己組織化してきた。かくして人体を構成する細胞は、劣化の過程に不可避的に従属し、自滅して別の細胞に置き換えられることになる。この再生ならびに復活の過程は、個人に生気を取り戻させるために細胞の死を利用することを可能にする。われわれの細胞のうち五十万が毎秒死滅し、三千万が毎分死滅する。しかしわれわれはそのことにまったく気がついていない。グザヴィエ・ビシャ[(6)]は、〈生命は死に抵抗する機能の総体である〉といみじ

(6)〔訳注〕一七七一～一八〇二年、フランスの解剖学者。日本語訳に『生と死に関する生理学的研究』(北海道医療新聞社)。

くも言ったが、この言葉に〈死を組み込みながら〉とつけ加えなくてはならないだろう。すなわち、生命は〈死を組み込みながら〉死に抵抗するのである。

生命は宇宙＝世界と同じように――ただし新たな仕方で――、自己破壊しながら自己構築する。あるいは自己構築しながら自己破壊すると言ってもいいかもしれない。生きることは死と闘いながら死に向かって進んでいくことなのだから、生命は死ぬ努力をしながら生きる努力をし、生きる努力をしながら死ぬ努力をする、ということなのである。

時間は生きるための条件であり、死は生きるために支払う代価である。生と死は二律背反であるとともに密接不可分に結びついている。

種としての生命は再生産されるたびに死を免れる。しかし個人の生命は死を被る。臨終は耐え難い経験である。

生命は死の期限を遅らせるために再生産を発明した。再生産はそのつど死に対する一時的勝利である。

生命は当初から、持続するためには自らを再生産しなくてはならないことを〈理解していた〉。それゆえ生命は驚くべきシステムをつくりだした。すなわち、分裂増殖、DNAの二重螺旋の二つの半分への分離あるいは切断、次いで、その半分それぞれのなかにおける完全な二重螺旋の形成である。これは、一つの存在の分割と、発生機能を有するその二つの半分を基にした二つの存在の再構成であり、技術的合理性に従った再生産ではない。技術的合理性に従った再生産は、チューリング機械[7]の論理に従う。すなわち、まず構成を記述し、この記述を基に自己自身の再生産を行なう。

生き物のエコロジー的自己組織化がすでに驚異的である。しかし最も驚くべきことは、自らの複雑な組織体の自己再生産である。これは結晶体の自己複製をはるかに凌ぐものである。原始的な生き物がおのれを壊そうとする衝撃に耐え、この衝撃による割れ目から自らを再生産したかのごとくである。ともあれ、こうした解決法を発明する創造的知性が存在したことを想定しなくてはならない。

生命は初めて生まれたときから自らを多数化することを選択した。単細胞生物の分裂増殖、植物や動物の雌雄性などであり、生きているものはすべて多数化する〈定め〉になっていた。生が自らを再生産し、多数化し、自らの芽や卵を保護するように仕向けたのは死にほかならない。

(7) 〔訳注〕イギリスの数学者アラン・チューリング（一九一二〜五四年）が構想した計算機械。現在のコンピュータの理論的原型とされる。

再生産は植物や動物において驚くべき刷新性をもって進化した。植物の再生産のために特化した細胞には、遺伝的形質を有する凝縮した胚芽が含まれており、受粉が行なわれると、同じ種の内部で多様性が生じ、それが生命に豊かな可能性、不測の事態や病気への抵抗力を与えた。性差を伴った生命はその統一性のなかで二重になる。個体は長くは生きないが、種は多数化をやめないことによって、死に対して効果的に抵抗する。しかし最終的に死を免れることはできない。

再生産〈複製、胚芽、性、精液、卵〉は、すべての組織体にとって環境から生じる死の危険や分解の不可避性に対する生からの応答である。しかし同時に、生きた組織体は胚芽や卵による再生産の始まりから、種の延命のために個体の死を受け入れなくてはならなかった。

種のなかには、個体の死がすでにプログラム化されているもの、少なくともあらかじめ決定されているものがある〈木の葉のアポトーシス〔細胞の自死現象〕〉。

種と個体の〈対話的論理〉による統合は、種の究極が個体であり個体の究極が種であるという二重回転の合目的性に対応するだけでなく、同時に生と死という二つの根底的な対立関係の〈対話的論理〉による統合にも対応する。

食物を倦むことなく見つけ再生産によって新たな個体を生み出すために、死と永続的に闘うという営為のなかには、途方もない生きようとする意志と生きるための叡智が存在する。つねに現前する死に抗する闘いには、胚芽、胞子、精液、卵などの、少なくとも生き残りを保証するために必要な途轍もない浪費が含まれている。

死に抗する闘いは死をもたらすものでもある。この闘いは自らの命を養うために他の植物や動物を殺すことでもあるからだ。生命は自分のからだを食べることによって自分の命を養う想像上の動物カトブレパスのようなものでもある。

個体だけが具体的な存在で、種は抽象的存在にすぎない、と言う者がいる。しかし、個体を通してしか存在しえず再生産されえない種は、個体の死にもかかわらず（個体が死ぬがゆえに）個体の生命と再生産活動を通して生命の永続化を追求する具体的実体である。また、種が唯一の現実であり、個体はその僕（しもべ）にすぎないと考える者もいる。しかしいまここに存在するのは個体だけである。個体は〈現存在（ダーザイン）〉なのである。実際には、個体は種なくしては何ものでもなく、種は個体なくしては何ものでもない、ということなのだ。

種は個体を生産する。そして個体は自らを再生産しながら種を生産する。個体と種が互いに目的であり手段であるという回転式の合目的性なのである。

一時的、自律的、特異的な諸個体は、それぞれ異なっているが、祖先は同じである。同じ個体性が、異なった諸個体のなかで引き継がれて延長されているのである。

おのおのの生きた個体はほとんど二重になったソフトウェアを有している。ひとつは自己中心的な自己肯定であり、これは文字通り、この個体を世界の中心に置く。この自己中心主義は、自らを養い、保護するために不可欠である。もうひとつのソフトウェアは個体を自分の子孫のために役立てようとする。このソフトウェアは、多くの動物にあっては、個体を社会や番いといった集合体のなかに組み込む。

生き物は活動的であるだけでなく、生命（生きること）に取り憑かれている。ある意味で夢遊状態にあると言ってよい。われわれはわれわれが住み着き所有している機械に浸透され取り憑かれているのである。機械のなかには未知の特質のようなものがある。生きた組織体がわれわれの感覚や意識では捉え切れない（不安や苦痛を感じるとき以外）仕方で機能することは感嘆すべきことである。食物はいったん咀嚼されるとわれわれの意識から消えるが、そのとき複雑な消化機械が動き始める。胃液が分泌され、胃が消化すると、仕事を腸に引き継ぐ。肝臓、胆嚢、脾臓、腎臓がおのおのの職務を遂行する。それをわれわれは尿意や便意としてしか意識することができない。われわれは空腹なのではない。空腹機能がわれわれを捉えるのである。われわれが覚醒するとき、覚醒機能がわれわれを捉えるのである。われわれの機械－組織体はおのれ自身の知識と知恵を有している。動物は治癒力のある植物や毒のある植物を本能的に知っているではないか。

生命力を有する知性と感性

植物を含む生き物は、それぞれ独自の仕方で生命を認識する能力を発揮する。

われわれは長いあいだ、われわれの兄弟である哺乳類を含む生き物の知性や感性を無視してきた。人間を過大評価するあまり、生き物を擬人化するだけで、動物の苦しみや喜びに関わるいっさいの認識を無視してきた。しかし実際には、われわれは動物（とくに哺乳類）の生に固有の苦しみや喜びを受け継いでいるのである。

〈動物＝魂（anima）と精神（animus）を備えたもの〉という考えをベイトソン[8]は強調した。（繰り返し言うが、魂は物質的実体ではないけれども、脳の活動の感覚的な創発的出現である）。犬や猫と暮らしている者なら誰でも、これらの動物が個性、感性、魂を有していることを知っている。

われわれは最近、われわれの同類である霊長類やわれわれの親戚である哺乳類だけでなく植物においても、同じ種の構成員のあいだにおけるコミュニケーション能力、知性、戦略、感性

（8）〔訳注〕グレゴリー・ベイトソン、一九〇四～八〇年、アメリカの人類学者。日本語訳に『精神と自然』（岩波文庫）ほか。

の存在を認めた。

植物であれ動物であれ、単細胞生物から多細胞生物に至る生き物のすべての活動は、認識の領域を包含している。たとえば、植物の歴史において、太陽エネルギーを捕獲して利用する能力がきわめて早い時期から現れたことは、太陽光線のエネルギーの力や葉緑素の捕獲／同化力を認識していたからだと考えられる。しかし植物は脳も神経組織も有していない。植物の感性や知性は細胞全体の永続的な相互作用のなかで判然としないかたちで存在している、ということだろう。

植物の細胞全体が戦略や戦術（太陽を見つけるとか、近くに他の植物が生えないようにするとか、自らの身を守る、といった）を導き出す。同じ種の植物は寄生体から自己防衛するための情報を知り伝えあう。一例を挙げよう。アカシアの木は、草食動物の侵略を受けたとき、葉を有毒化するタンニン（酸）の量を増やし、遠くのアカシヤの木にも警告する。

フェロモンによる化学的コミュニケーション、音、歌、ダンス（蜜蜂）などによるコミュニケーションも行なわれる。女性歌手イザベル・サブリエが、アマゾン川流域のマナウスにある自宅の庭の蛙の鳴き声で気がついた、こうしたコミュニケーションが、鳥や犬など他の動物でも行なわれていることは、ほぼたしかなことである。それに対してわれわれは、そうした音が曖昧な反復音としか聞こえない。われわれは身ぶり言葉と結びついた語彙や統辞しかわからないのである。

もっと一般化して言うと、細菌やウイルスまでも含んだすべての生き物は主体性を備えている。なぜなら、主体であるということは[9]、自分が身を置いている世界の中心に（言い換えるなら、自己中心的に）自分を位置づけ顕現するということだからである。これによって、自分を養い、自衛し、自分の命のために闘うことができるようになる。これに付け加えなくてはならないことは、主体であるということはまた、ひとつのわれわれ、ひとつの集合体、ひとつの共同体に参加する能力を有してもいる、ということだ。これはまさに細菌の場合によくあてはまることである。

細菌は、認識、意志疎通、組織化といった能力を有しており、互いに情報を提供し、DNAでコミュニケーションしながら助けあう。細菌が増殖しながら、自らの致死的危険を回避できるのは、おそらく抗生物質に耐性を有しているDNAを伝達しあっているからである。細菌はコミュニケーションしあうだけでなく、お互いに協働し組織化しあう[10]。

(9) Cf. *La Méthode, 2, op. cit.*, pp. 155–200.〔モラン前掲『方法2』二三九〜三一二頁参照〕

(10) プリンストン大学のボニー・バスラー〔一九六二年生、アメリカの微生物学者〕の検証実験地上、地中、海、そしてわれわれの体内に君臨する細菌の共同性という仮説は、われわれを含む多細胞生物の生命はこの共同体的細菌の存在によってコントロールされているのではないかという考えを触発する。(11)

さらに、組織体の防衛機能をだます変異するウイルス、とくにインフルエンザやエイズのウイルスは、偶然の産物ではなくて、共同的な組織力の産物でもありうる。これは、細菌のグローバルな社会、知性を備えた実体としてのウイルスの社会が存在するのではないかという仮説をも可能にする。

同時に、生命は、種の内部における連帯的社会、とくに動物の社会において、お互いにとって有益な懇親性をつくりだした。これは、細菌とわれわれの体内との関係に見られる多様な寄生現象と類比しうる。さらに言うなら、対立的・競争的・相補的な再生装置で構成された認識／組織化ネットワークとしてのエコシステムが、生命圏のマクロ組織体のなかの頂点にひかえている。(12)

結び

生命は物質的世界のなかでマージナルかつ逸脱的な存在である。分子的組織と生物のエコロジー的自己組織化とのあいだには巨大かつ複雑な飛躍がある。複合的に見ると、生命の創発的特性の総体が生命の現実を構成している。

生命は、それ自体として意味に富んでいて、知的で利口で創造的で不思議な存在であるが、同時に、理解不能、不条理、無分別で恐るべき存在でもある。生き物の組織体は複雑性の傑作であるが、生命は純然たる狂気である。

人はどうしても生命に意味を求めようとするが、意味があるとしたら、それはわれわれが意味という言葉で理解するようなものではない。それは狂気のなかに隠れてうずくまっているのだ。

生命の唯一の意味は、生きるために生きる、という合目的性のなかにあるが、これは意味と

を参照。

(11) Cf. Lynn Margulis et Dorion Sagan, *L'Univers bactériel*, Albin Michel, 1989.

(12) Cf. *Méthode, 2, La Vie de la vie, op. cit.*, pp. 19–77.〔モラン前掲『方法2』一五～一〇〇頁参照〕

見なすことができない合目的性である。

第五章　生命の創造力

論理的に言って、目は目を構成する
諸部分をつくるために、目
全体が先に存在して
いたはずで
ある。

創造力は説明しようのないものである。それは結局、いわく言い難いミステリーなのだ。

パウル・クレー

物理的宇宙の創造力は体系（システム）である。さまざまな構成要素の組織的結合から生まれるシステムが創発的出現を可能にし、個々に分かれた諸要素の知られざる新たな特性をつくりだす。生命はこのような体系的創造力から生まれるが、その起点となるのは、無数の多様な分子的構成要素の組織的結合とその固有の特性である。そしてその自己組織化そのものも体系的創造力から生まれる。さらに、生命の自己組織化はひとたび生まれると、器官をつくりだし組織体を変化させる新たな創造力を有することになる。これが生命の創造力である。

生命は創造力を創造する

生命の自己組織化に固有の〈対話的論理〉が存在する。すなわち、ある論理が種や個体の不変性を保証し、もうひとつの論理が再生産装置の核心部における創造的再組織化の発生を可能にする。無数の進化の刷新はここに由来する。すなわち、真核生物の細胞、多細胞、植物における太陽エネルギーの捕獲を可能にする葉緑素の同化作用、花の開化、動物におけるひれ、脚、翼、脳、神経システム、肝臓、腎臓、等々である。

生命の法則は、一見、同じものを永続化しあらゆる変化に対立する再生産を起点として、いっさいの創造的発明を排除するように見える。しかし、同じものの再生産という普通の現象に比べて、刷新的創造が逸脱的、周辺的、希少的なものであるとしても、この刷新的創造が豊穣な生物学的進化の決定的原動力、つまり生命の歴史を決定づける原動力となったのである。

生命の創造力は再生産の最中、つまり新たな生命の再－創造の最中に現れる。それは偶然によって刺激されて現れる。刷新的情報をもたらすDNAのなかへのウイルスの統合によって現れる。またとりわけ環境由来の脅威に刺激されて現れる。新たな特性、新たな器官が刷新的につくりだされると、それはまさしく再生産によって増殖していく。再生産は〈通常〉新しいものを生産しないが、この場合、新しいもののために作動し、それを増やしていく。無数の植物種や動物種はこうして生まれたのである。

動物だけでなく植物のなかにも、創造的形態と結びついた素晴らしい知の形態が存在する。たとえば花は蜜を求める昆虫の〈引きつけ方〉を〈知っている〉。これは昆虫もそういう花を知っているということでもあり、このことは鳥やその他の種についても言えることである。脳も神経システムも持たない植物の知識／創造力は、認識と創造の結びつき（認識が新たな認識をもたらす創造を可能にする結びつき）がエコロジー的自己創造に内属するものであることをわれわれに教えてくれる。ただし、この創造的結びつきが発動するのは、多くの場合、命にかかわる困難や内発的な強い希求に答えようとする極端な状況のなかにおいてであることも指摘しておかねばならない。

創造力は協力と結合によって実現される。二つの多細胞生物の統合あるいは一方による他方の吸収は、吸収する側の細胞が吸収される側のミトコンドリアの遺骸のなかに入り込むので、二重の遺伝性を有する真核細胞をつくりだす。単細胞生物は持続的に結びついて多細胞生物となり、多細胞生物は細胞を多様化していく。偶然、あるいは環境による拘束が、多細胞生物の形成において重要な役目を果たし、危険に対してより有効に対処できる集合体の形成が行なわれる。創造力は独自の創発性を伴った器官や刷新的再組織化として現れる。動物種や植物種の目を見張るような豊かな発展は、ベルクソンが〈創造的進化〉と呼んだもの――これは〈進化的創造力〉とも呼ぶことができるだろう――をわれわれに提示してくれる。

生命は、最初の単細胞生物のとき以来、無数の種の増殖を行なった。そのうち八百七十万の種が生き続けており、そのなかの二百二十万の種は水生生物である。

生命は、亀、カタツムリ、蛸、サソリなど、信じがたい形の動物、細菌からアブラムシを経て象に至るまでの多様きわまりない大きさの動物、多種多様な色彩の動物、小さな草木からセコイアに至るまで多様な大きさの植物、さらに、蜘蛛の巣、蛇や蜂の毒、犀の角といった巧妙きわまりない装置などをつくりだした。

生命は生物の細胞などとともに誕生したとき以来、絶え間のない再開を繰り返してきた。同じものの再開（道教は〈元に戻ることは生命の運動である〉と言う）は同じものの再生産であるが、その同じものは、内的そして／あるいは外的な理由によって訪れる、ある決定的な時点において、変化し形を変える。不変性の原理と変化の原理の〈対話的論理〉による統合が生命の本質的な性格である。

困　難

生命の創造力はしばしば死の脅威に対する応答であった。そしてそれは死活的問題を解決する能力として現れた。

生命の最初の大いなる発明は脳も神経システムもなしに行なわれた。それは、すでに単細胞生物（珪藻類や微小藻類）に現前していた葉緑素による光合成の発明である。これが広く行き渡って植物の繁茂をもたらしたのである。この素晴らしい発明は植物が太陽光からエネルギーを汲み上げることを可能にした。他方、植物の根は鉱物のエキスを吸収するためにつくりだされた。

創造力は変身の技術としても現れた。種子から植物への変身、卵から動物への変身、哺乳類における胎盤のなかの胚から成体への変身、そして地を這う毛虫からチョウチョウやトンボへの変身、等々。

こうした創造力は人間種が到達していない（まだ？）複雑性と巧妙性に達している。人間はたくさんのものを発明してきたが、まだ細菌をつくることも、ちっぽけな植物や動物をつくることもできない。

動物は太陽エネルギーを捕獲することができなかったので、食料を求め捕食動物から逃れるために、移動手段を発明しなくてはならなかった。ひれ、脚、翼などである。また、食物をくわえるために顎やくちばしをつくらねばならなかった。コウノトリやオオハシにあってはくちばしを長くし、キリンは首を、象は鼻を長くしなくてはならなかった。動物は、食物を同化吸収し滓を捨てるために驚くべき消化システムをつくり、視覚、聴覚、嗅覚といった感覚器官、神経システム、脳などをつくりだした。さらに、自分を美しく飾り、敵を恐がらせ、同種の異性を引きつけるために、さまざまな形や色や臭いをつくりだしたのである。

植物の大気中への酸素の拡散は、呼吸や血液循環を通して細胞を解毒するのだが、これはもともと毒だったものが動物界において変化したものである。海面の低下は魚を両生類化し、鰓を肺に変えた。

大異変やカタストロフは生命の創造力を刺激した。たとえば九〇パーセントの種を死滅させた古生代末期の大異変は、新たな種の創造を引き起こした。

創造力は単に困難や問題に対する応答ではない。それはまた、生き物の希求を充足させるためでもあった。地上の存在に幾度も翼を出現させたものは、空を飛びたいという希求と飛ぶことの陶酔感を確かめたいという思いに由来するのではないだろうか。

もちろん、飛行は捕食者にとっては地上の獲物をよりうまく見つけ、獲物にとっては地上の捕食者からうまく逃げおおせることを可能した、と考えることもできる。しかし、翼は、脚やひれとちがって、生きるため、あるいは延命するための移動に、どうしても必要なものではないと、私には思われる。したがって、飛びたいという希求が無数の昆虫の翅をもたらし、鳥になるための翼を爬虫類に出現させ、コウモリのような哺乳類にも翼を生えさせたのではないかと、私には思われる。地面を這う毛虫が空を飛ぶトンボになったり、きらびやかなチョウチョウになるといった、驚くべき変身をわれわれは絶えず目の当りにしてきたではないか。

あらゆる存在に見られるはっきりしない無意識的な、しかし奥深い欲望が、こうした多くの創造の根源にあるのではないだろうか。

コガネムシから孔雀に至るまでの豪華な装いと色彩は、同種の異性を誘惑するためという性的理由だけに還元されてはならないだろう。それは、性的なものには美的要素が含まれるという、あたりまえのことを言っているだけのことである。この点について、アドルフ・ポルトマン[1]は、〈自己提示〉という概念を提起している。[2]すなわち、生き物には自己紹介するという固

（1）〔訳注〕一八九七〜一九八二年、スイスの生物学者。日本語訳に『人間はどこまで動物か』（岩波新書）ほか。

（2）Adolf Portmann, *La Forme animale* (1948), rééd. La Bibliothèque, 2013.〔『動物の形態――動物の外観の意味について』島崎三郎訳、うぶすな書院、一九九〇年〕

〈自己提示〉(Selbstdarstellung) は、生き物は自己紹介する必要を感じるという考えを表わす。同種の存在と自分を受け入れ共に生きる世界に自分を紹介することである。その動物的形態は自分を提示し自分の存在を明示する不可欠の必要を表わすものである。ポルトマンはこう言う。「したがって、自己提示はあらゆる生命に要請として課せられるものである。ありのままの自分を示すことが要請されるのである。しかし純然たる存在性（単なる明白な存在性）を示すだけでは十分ではない。それ以上に〝はっきり姿を表わす〟ようにしなくてはならない。つまり、自分の特異性をしっかり目に見えるかたちで（しかも聴覚にも嗅覚にも訴えるように）提示す

有の傾向が内属しているということである。ぞれは同種や敵に対してだけにとどまらない。自分自身に対してもそれは行なわれるのである。これは人間が自分を自分のために美しくしたいという欲求を持っていることに当てはまる。

実際、われわれ人間は、動物の美学を延長して、タトゥーを入れたり、色彩豊かな装身具で身を飾ったり、取り外しのできるさまざまな皮製品を着用している。

こうした創造的発明は、仮に偶然がそこに介入しうるにしても、単なる偶然による変化によって発生したものとは言えない。分子生物学やダーウィン的遺伝学の研究者は、生命のすべての発明を偶然による変化であるとして、偶然への適応では片づけられないもののなかに偶然への適応しか見ようとしない。つまり発明を見ようとしないのである。発明は環境への創造的適応であり、その創造力は環境を発明に適応させることもできる（たとえば鳥の巣がそうであり、仮小屋やダムをつくるビーバーの構築物もそうである）。生命の創造力が〈特殊創造説〉つまり創造者たる神の意図に還元されることを危惧する科学者はたくさんいる。しかしスピノザが考えたように、創造力は生きた自然の真ん中に存在するのである。

生命のなかには潜在的な眠れる創造力があり、それが困難に直面したり、欲望やあこがれを抱いたときに覚醒するのである。発明をもたらす創造力は、種の機能が個体を形成し始める生命の発展の初期段階に起動する。(3)

私はこの生命の創造力についての条りを終えるにあたって、私自身の身体つまり〈ホモ・サピエンス／デメンス〉の身体について一言言及しないわけにはいかない。人体は、脊椎動物、哺乳類、霊長類と続き、われわれにまで至る創造的進化の産物である。

人体はとてつもない機械であり、すでに述べたように、私がそれに取り憑く以上に私に取り憑いている。それはいかに巧妙かつ複雑につくられた機械であることか。たとえばそれは、私の歯が嚙み砕く食べ物の周りに私が気づくことなしに分泌される唾液から始まる消化の道程ひとつをとってみても言えることである。そのあと食物塊は胃液に浸されながら不思議な旅を続け、最後に大腸に到達する。また人間の脳はいかに複雑にできた機械であることか。脳がどうやって感情や思考を生み出すのか、電気化学的に説明することはできない。われわれがつくりだす最も精巧な機械でも、われわれをつくりだしわれわれをつくり直し続けているこの（人体という）機械と比べたら、まったく初歩的で大ざっぱな機械でしかないのである。

るということである。そして、この特異性は個体としての自分だけの特異性ではなく、種としての特性を強調した特異性でなくてはならないのである」。

（3）生命が創造されたことは明らかなのだから、他の場所で他の生命が創造されたことも考えられる。ただし、今のところそのことを確証するものは存在しない。

生命の概念の普遍化

分子生物学は生命の概念を排除する。しかし私が思うに、生命は、単細胞生物、植物、動物といったような厳密に生物学的な存在を超えて普遍的存在として捉えるべきものである。地球という惑星は、固有の生命を備えた物質的−土地的−生命的実体である。それはまた知性をも備えているかもしれない。〈空飛ぶ円盤〉はおそらく、空間を飛んでいるのではなく、地球の発散物であろう。

エコシステムは生命の自己組織化であり、それは一定の環境の生命とこの環境の風土的決定子(デテルミナント)との結合を起点として作動する。

人間社会はエコロジー的自己組織化を備えた生き物である。(4) それは物理的機械であると同時に、生きた機械であり、社会機械である。

言葉はすべての人間社会において第一に必要なコミュニケーションの道具であるが、同時に、生命と同じように進化し変身するという性格も有している。言葉は死んだり生まれたり派生したりするし、表現は変化する。言葉は二つの流れに枝分かれする傾向がある。ひとつは実用的機能を持つ散文的な流れ、もうひとつは詩的・創造的な流れであり、これは美的感動をもたらす。隠語はその独創性において、詩的分岐がさらに枝分かれした生きた言葉である。散文的分岐は生命力を失って〈紋切り型表現〉になる傾向があり、それはとくに行政的・官僚的・経済的言語として流通する。

言語が形成され組織され進化した仕方は、無数の話し手の知性によって養われた素晴らしい創造力を体現している。

結局、人間の社会精神が生命を備えた実体（神とか思想といった）を生産し育成し、この実体がひるがえって精神に影響を及ぼすのである。神は人間の姿に似せた生命体であり、人間に崇拝、服従、犠牲、命を要求するほどの力を持ち、不信心者や異教徒を抹殺することもある。思想もまた絶対的・専制的力を持っている。たとえばコミュニズムは現世（地上）の救済を教理とする専横的宗教であった。[5]

われわれを育むこうしたすべての生命体を生産し育成するのは、われわれの精神でありわれわれの活動にほかならない。そして、こうした生命体のなかには、神や思想のように、われわれを奴隷化するものもある。

（4）Cf. *La Vie de la vie, op. cit.*, p. 236 *sqq.*〔モラン前掲『方法2』三七九頁以下参照〕

（5）Cf. *La Méthode*, 4, *Les Idées.*〔モラン『方法4』参照〕

結び

生命体について最も多くの発見をした分子生物学と遺伝学は、生命という考えそのものを覆い隠した。創造説（幻想）を恐れて、分子、ゲノム、プログラム、突然変異、自然淘汰といったような、創造力を隠蔽するものしか見ようとしない人々にとって、生命という考えは不可視のものになった。

こうして生命は平凡で陳腐なものになった。

しかしながら一九六〇年代以降、動物行動学が、哺乳類、鳥類、魚類の行動やその相互関係の複雑性を認識することを可能にした。もちろん、ミツバチ、アリ、シロアリなどについての研究も同様である。また、新たな植物学によって、植物進化の複雑性が動物進化の複雑性に優るとも劣らないものであることが明らかにされたこの機会に、私はジャン＝マリー・ペルト(6)の生前の仕事に敬意を表しておきたい。彼は植物の知性や感性を発見し明らかにし始めていた。

われわれはそれをよりどころにした。

われわれは生命を陳腐化から救い出し、その不思議な性質に驚かねばならない。生命は、その複雑性、その自律性、そして物質的宇宙の周辺に突然現れた創造力によってわれわれを驚かす。

生命は、秩序／無秩序／組織の〈対話的論理〉にしか従わない宇宙、この明白な合目的性を持たない宇宙のなかで、自らの内に二重の環状的な合目的性を持ち込んだ。すなわち、生命は、生きた個体をつくるためと、生きた個体が自分自身で自分自身の再生産を行なうことができるようにするために、自らを再生産するのである。

かくも多様かつ豊穣な進化に固有の大いなる合目的性を思いつくことができないとしても、そこには（エコシステムや生命圏におけるような）多様かつ相補的な多くの合目的性を認めることができる。ここでも、和合と不和の統一というヘラクレイトス的思考を見いだす。

われわれは生命の何たるかをしだいに知りつつあるが、生命は同時にミステリアスなままであり続けてもいる。

生命は創発的現象つまり突然現出した特性の総体である。

生命は生物学に還元することはできない。つまり、われわれの体を構成している核タンパク

(6)〔訳注〕一九三三〜二〇一五年、フランスの生物学者・植物学者。日本語訳に『植物たちの秘密の言葉』(工作舎) ほか。

質という実体に還元することはできない。

生命は多形的である。なぜなら、社会、言語、文化、思想、神といったものは、生命的実体だからである。

生命は不協和音であると同時に交響音である。

生命は知的で感受能力があり創造的である。

生命は組織化ができる。生命は残酷である。生命は賞賛に値する。生命は狂気を宿している。

われわれは生きるという日々の営みのなかで生命の驚くべき性格を忘れている。われわれは散文的な生活活動のなかで、生命が詩的であることを忘れているが、同時にわれわれは幸福感に酔っているときに、生命が残酷で恐ろしいことを忘れている。

われわれは、生きることは不幸であるが幸福でもあることを知っているが、この二つはそれぞれが他方を覆い隠すのである。

十全たる意識、大いなる感性だけが、生命は素晴らしいものであるが恐ろしいものでもあることを教えてくれるだろう。

第六章　人間が知らない人間のこと[1]

われわれは誰か？　われわれは何か？

アレクシス・カレル[2]の七十五年前の本のタイトル――『人間　この未知なるもの』――をこの章のタイトルに使ってもよかったかもしれない。もちろん、人間について今日知られていることで、当時知られていなかったことが少なからずあるのだから、中身はちがってくるだろう。ただし、今日知られていることでも、一般には知られないままになっていることが多い。なぜなら、小中学校や高校、大学などで、人間とは何かを教えないからである。実はこの五十年、人間の起源、性質、複雑性などについて多くの知識が蓄積されてきた。しかしそれらの知識は、

(1) 私の著作の大半は人間（とは何か）をテーマにしたものである。主だったものを時代順に列挙しておこう。*L'Homme et la Mort*〔『人間と死』古田幸男訳、法政大学出版局、一九七三年〕、*Le Paradigme perdu : la nature humaine*〔『失われた範列』古田幸男訳、法政大学出版局、一九七五年〕、*Terre-Patrie*〔『祖国地球』菊地昌実訳、法政大学出版局、二〇二二年新装版〕、*L'Humanité de l'humanité*, tome 5 de *La Méthode*〔『方法5　人間の証明』大津真作訳、法政大学出版局、二〇〇六年〕。この章はそれをひきついで、われわれ人間（の知識）にとってなお未知のものへの問いかけという観点から、人間をあつかうことにする。

(2)〔訳注〕一八七三～一九四四年、フランスの外科医・生物学者。『人間』の日本語訳は江藤裕之編・渡部昇一訳、三笠書房、二〇二〇年改訂新版。

諸科学のあいだの隔壁によって分断、分散、断片化され、統合されなかったため、われわれ人間のアイデンティティについてほとんど無知のままである。

たとえば、最も素晴らしい科学の成果は、われわれは地球の申し子であるだけでなく、最初の微粒子に始まる宇宙(コスモス)の全歴史、最初の細胞的存在に始まる生命の全歴史をわれわれの内部に有している宇宙(コスモス)の申し子でもあることをわれわれに明らかにしてくれたことであるにもかかわらず、いかなる教育プログラムもこのことを教えないのである。人間の歴史は、宇宙(コスモス)の歴史と生命の歴史に似た創造性を包含している。すなわち、社会、国家、文明、宗教(仏教、キリスト教、イスラム教)、信念(社会主義)、消滅した世界(諸帝国と諸文明)などの創造であり、何より生命に似た変異と変身の創造である(それは、狩猟-採集の原始的集団から歴史的社会への変身、中世ヨーロッパから近代ヨーロッパへの変身、現在進行中のグローバリゼーションから来たるべきポストヒューマンと呼ばれる時代への変身などに体現されている)。

ホモ・サピエンスと言われるものは、三重の顕著な変異から生まれた。すなわち、まず個人の成熟抑制(幼若化)――これが生理的・心理的な幼児性を保った成人をつくった。次いで大脳の形成。そして親指と他の指の対置による手の使い方の発達。この三つの変異のあいだの相互補完性が効果的に働いたのである。(3)

われわれは個人であると同時に、生物学的な種を担う要素であり、社会を担う要素でもある。この三つの次元は分離不可能であるだけでなく、互いに互いを反復的に生産する。[4]

われわれは絶対的かつ相対的な〈私〉である。各個人は各個人にとってはすべてであるが、社会、種、生命、宇宙（コスモス）といったそれぞれ全体性を有するものにとっては取るに足らないものである。われわれはひとえに「無限の偶然性によってのみ」、数え切れないほどの決定要因によってのみ、「この世界に存在している」（パスカル）のである。

各個人は、その身体、その生理、その遺伝子、その性格において、他と異なる存在である。各個人は外部世界から分離され、その皮膚と免疫の仕組みによって保護された自律的存在であ

（3）二足歩行、腕の使い方、大脳を出現させたのが、霊長類の進化への希求と探究であったという仮説を排除することはできない。そこにはトウマイ〔世界最古とされる約七百万年前の猿人〕以来四百万年にわたる過程があり、多くの種が現れたり消えたりした。そして最後にホモ・サピエンス／デメンスが生き残って発展したのである。〈ヒト化〉の過程でサバンナがなんらかの役割を果たしたとしても、それがヒトの創造力を生み出す主要な刺激になったとは考えられない。

（4）*La Méthode, 5, L'Humanité de l'humanité, op. cit.*, pp. 21–74.〔モラン前掲『方法5』四一～一〇五頁〕

るが、同時に人間種の微小な部分、社会の微小な部分として、か弱い存在である。人間種と社会はそれぞれ、一方は遺伝子によって、他方は文化によって、各個人の内部にある。各個人は自己中心的であるが、逆に、〈ひとつのわれわれ〉(恋愛、家族、党、祖国など)のなかでは忘れられる存在である。各個人は自らが所有する遺伝子につきまとわれていて、身体の機械的装置は、苦痛によって損傷の警告が発せられるとき以外、完全に無意識的に機能する。各個人はほとんど夢遊病的状態でありつつも、意識の次元では半覚醒状態である。(5)

すべての生命の組織体は死を認識していて、死から身を守り、死と闘う。これは最初の単細胞生物のときからである。しかし人間の個人は、思春期以降一貫して、自分と近親者における死の苦痛や苦悩の現前を自覚している。死は大きな強迫観念として精神に寄生し、各個人は先史時代以来、さまざまな神話をつくって死から身を守ろうとしてきた。たとえば死後の生を考えたり、不死をもたらす救済の宗教を生み出したりしながら。

意識はわれわれのなかにある無意識を知るのに役立つ。意識はわれわれが自らに問いかけることを可能にする。われわれは玩具なのであろうか?　そうだとしたら、誰の何のための玩具だろうか?　クンデラ(6)は、人間という種についての宇宙実験の話をしている(『カーテン――七部構成の小説論』)。

実際、われわれの内部では、目的不明の巨大な実験が行なわれているかのようだ。それは科学、サディズム、ゲーム、競争、戦闘、いずれの実験だろうか？　それとも、われわれは、なんらかの宇宙的生物の夢が具体化した存在なのだろうか？

無知から十全たる意識へ

われわれが生きているのはわれわれの〔生命の〕表面である。われわれは得体の知れない力、われわれの外と内にある〈ダイモーン〉に取り憑かれている。われわれは神話、神々、思想に取り憑かれている。われわれは操作された操作技師であり、われわれが所有しているものに取り憑かれていて、生きることは陶酔や夢遊のようなものである。

無数の細胞、無数の複雑な器官、多様きわまりない身体組織で構成されたわれわれの人体の

(5) 意識の問題については、第七章〈脳と精神〉を参照のこと。

(6) 〔訳注〕ミラン・クンデラ、一九二九年生、チェコ出身の小説家。『カーテン』の日本語訳は西永良成訳、集英社、二〇〇五年。

総体は、ある知性、おそらくわれわれがまったく自覚していないある思考を有している。奥深く複雑な知がわれわれのなかにあり、それはわれわれを作り上げ、修正し、再生させる。その知はさらに、生物学的存在としてのわれわれを再生産し活性化しているのだが、われわれはそのことを知らない。

身体という素晴らしい機械装置はわれわれの意識の外で作動している。血液はすべての細胞、肝臓、脾臓などに供給され、心臓は自力で機能する。われわれの意識に指示を与えるのは機械である。空腹、喉の渇き、尿意など、すべてそうである。

ヘラクレイトスの言葉を繰り返そう。「われわれは目覚めながら眠っている」。われわれは機械であるが、並みの機械ではないのだ。[7]

並みの機械ではない。なぜなら、意外なこと、予期せざること、常軌を逸したこと、発明といったことが、われわれから流れ出るからである。

ブッダ、イエス、パウロ、預言者マホメッド、ジャンヌ・ダルク、ボナパルト、マルクスなどは、並みの機械ではない。

火、蒸気、電気、原子の利用は、こうした機械によって行なわれたのである。

一九一四年、サラエボにおけるオーストリア皇太子への熱狂的セルビア人による狙撃は世界大戦を引き起こし、多数の死者をもたらした。

偶然の出会いが一気に恋愛感情を引き起こすこともある。

われわれの内部で決定されていることは同時に自律性も有している。双極性感情障害や躁鬱病患者における多人格性は、怒り、愛情、喜びといった多様な状態として現れてくるのだが、われわれはそのつど同じ私でありながら異なった私でもあるからだ。われわれの内的変化が一時的に異なった人格を結晶化させるのである。

われわれは、自分が祖先や動物種や地球や太陽系や宇宙(コスモス)全体と結びついていることを知らないまま、そしてわれわれの表面的な知性がこのような遺伝や遺産の奥深い知性によって影響されていることを見ようとしないまま、われわれの記憶の表面で生きているのである。

この記憶は単にわれわれの遺伝子に書き込まれているだけではない。祖先が生きた出来事をわれわれに生き直させる、(世代間心理学が掘り起こした)別の記憶も存在する。われわれのなかには親が住み着いているのであり、われわれは親につきまとわれているのである。父の明るいが性格が私のなかにある一方、母のメランコリックな性格も私にはある。さらに、われわれのなかには、数え切れないくらいの先行者が宿っている。われわれのなかに潜在的に現前する先行者たちの集合体のなかから、さまざまな異なった者が入れ代わり立ち代わりわれわれのな

(7) 平凡な機械はすべての動きが予測できる決定論に則った機械である。

かに現れてくるのである。

われわれは、われわれの人体の数え切れない複雑な器官や多様きわまりない組織をつくっている無数の細胞のなかでＤＮＡとして現前する種によって支配されている。われわれはまた、われわれの機械が脊椎を有する哺乳類であり、生命の歴史を内蔵していることに無自覚である。この機械は知性と知恵を有しており（アメリカの生理学者ウォルター・キャノン[8]は『からだの知恵』という著書を著わした）、われわれがまったく気がつかないある種の論理を有してもいる。

生命の誕生は卵から始まる胚の冒険の終わりである。胚は、すでに巨大な遺産を孕んだ始原細胞である卵から出発して、二十億年にわたる生命の歴史をたった九か月で、いわばホログラム的な特異な仕方で展開するのだ。子宮における生命の終わりが、人間の生命の誕生を伴う新たな冒険の始まりである。そこから始まって、幼少期、発育期、老化、死へ至るという、共通かつ反復的な冒険であるが、それぞれの生命は独自かつ未知の特異な変態をたどる。

それにしても、羊水のなかにおける胎児期から誕生に至る生命の道筋が隠蔽されているのはどうしてだろうか。それは極度の暴力的過程なのだろうか。なぜわれわれの意識は、子宮内で最初に生命を得たときとそれに続く生命誕生の大きな出来事の記憶を失ったのだろうか。

われわれはわれわれの主体性に関わる二重のソフトウェアにつきまとわれている。すなわち、われわれをわれわれの世界の中心に定置する〈私〉の自己中心的肯定のソフトウェアと、われわれを共同体のなかに統合し包摂する〈われわれ〉というソフトウェア。前者は自己以外のすべてを排除し、後者はその自己を自己以外の者のあいだに組み込んで〈われわれ〉のなかに包み込む。

この（自己中心的で共同体的な）二重のソフトウェアは二重の真理を明らかにする。すなわち、各人の自己中心主義とそれに伴う絶対的孤立、そして利他主義と共同性あるいは共同体の非孤立性。このことは、人間が偶然性や出来事に応じて善良でも邪悪でもありうることの理由を深いところから説明するものである。

この二重のソフトウェアは、人間がおそらくその誕生から全歴史を通して抱いてきた最も重要な希求を理解させてくれる。すなわち、連帯的共同体のなかにおける個人の開化への希求。あらゆる大きな反乱や革命はこの希求から生まれた。解放のイデオロギーが表明しているのはこの希求にほかならない。しかし解放のイデオロギーは、ひとたび権力の座に着くと、往々にして抑圧を隠蔽する最良の道具となってもきた。

（8）〔訳注〕一八七一～一九四五年。『からだの知恵』の日本語訳は舘隣・舘澄江訳、講談社学術文庫、一九八一年。

人間はその個人性、社会的存在性、歴史的存在性において、理性と錯乱、技術と神話、個人的利害への関心と無関心、といったもののあいだで引き裂かれてきたことを、絶えず想起し続けてなくてはならない。それは対立する内的力のせめぎあい（ダイモーン）であり、これがわれわれの過去、現在、未来における最良のものと最悪のものの源泉なのである。この二つの錯乱——凍りついた理性の錯乱と狂気の錯乱——を回避するために、理性と情熱を弁証法的に制御し、技術に支配されるのではなく技術を支配し、神話に支配されることなく神話と対話し、〈私〉を〈われわれ〉に結びつけること、これが難題なのである。

しかしながら、往々にして最悪のものが幅をきかせてきた。歴史は錯乱する力に引き回され、理性の陣営を押し流してきた。錯覚や無分別が人々の運命を導いてきた。力への意志は虐殺や災厄に至り着いた。全体主義は服従しないすべてのものを抹殺し、おのれ自身の抹殺すら行なうに至った。

歴史は人間を明らかにする。クンデラはいみじくもこう述べている。「歴史は人間存在を映し出すプロジェクターのようなものであり、人間の思いがけない可能性に光を投げかけるが［…］、歴史が動かないとき、その可能性は作動せず、不可視のもの、未知のものにとどまる」。

歴史は生命と同じように、まっすぐ前に進まない。そうではなくて、逸脱を起点に変化する。そして逸脱が強力に発展すると趨勢となり、支配的潮流に取って代わる。釈迦、イエス、パウロ、マホメット、ルター、コペルニクス、コロンブス、フルトン[9]、マルクス、レーニン、ヒトラーといった面々が、歴史の方向を変えたのである。

宗教は特殊な歴史的条件のなかで生まれるが、ひとたび構築され定着すると、どこへでも広がり、誰にでも影響を与え、支配的力を持つことになる(たとえば南米におけるキリスト教の君臨、アフリカにおけるイスラム教の普及)。

野蛮性を持たない文明はない。野蛮性は文明の成分であって、それに抵抗することしかできないのであり、それを取り除くことはできない。

人間は危機や紛争や災厄の時期、最良のものあるいは最悪のものとして立ち現れる。胚芽、種子、精液といったものの浪費は、死、破壊、捕食の結束力に抗する闘いとして理解することができる。しかし、人間にとって、どれほど多くの顕在化されない潜在力の無駄があるだろうか。実現されない希望、はぐれた愛、挫折した飛躍、失われた好機、殺害された無数の小モーツァルトたち、相互無理解、愚かないさかいや憎悪などなど、いくらでも事例を挙げることができる。われわれはみな、心の底から立ち上ってくる絶望を抱えている。われわれは生きる意欲と生きづらさを交互に生きている。われわれはわれわれの生命を交互に圧迫したり弛緩させ

(9)〔訳注〕ロバート・フルトン、一七六五〜一八一五年、アメリカの発明家。蒸気船の発明者。

たりしている——これは陳腐で低劣な言い方かもしれないが、奥深い意味を含んでもいる。

人類学的な複雑性への無自覚は、誤り、無分別、錯覚に通じ、知識、意識、思考の根底的改革がないかぎり、現状のままであり続けるだろう。

意識＝自覚が人間の未来を左右するものになるだろう。

第七章　脳と精神

頭蓋を貫通して映し出す装置が脳の姿を検出することができるにもかかわらず、脳は宇宙や生命体よりも未知のものにとどまっている。この未知のものはわれわれの内部に存在するだけでなく、われわれの知識、われわれの言葉、われわれの知性のなかにも宿っている。脳についてて発見されたことは、われわれにとって重要であるとともに脳のミステリーを増大させるものでもある。脳はシナプスによる連結からなる一千億個以上の複雑に結合したニューロンとともに機能する機械である。それは神経膠細胞のなかに浸され包まれたものとして電気的－化学的に記述することができる。脳は脳自体がその微小な部分をなす大宇宙(グラン・コスモス)よりもさらに多くの要素や関係を包含している宇宙(コスモス)であるように思われる。脳はその容量と複雑さにおいて生命体のなかでもまったく独自のものである。

互いに互いのなかにある脳と精神は、互いに互いの言語を理解できない。脳の言葉は電気化学的であり、精神の言葉は単語と文からなる言葉である。

脳／精神の関係は一見捉えがたい。この関係は、互いに対立する二つのタイプの有力な説明によって分断されている。ひとつは還元主義的なタイプである。これは脳のなかに溶け込んでいる精神の現実を否定する。もうひとつは離接的(ディスジョンクティフ)なタイプである。これは、精神は脳をテレビアンテナのような仕方で使う独自の現実である、とする。

精神／脳の関係は、精神の脳への還元や、この二つのあいだの離接性によってではなく、創発的出現の原理に従って考えるべきものである。脳は精神の所在地ではなく精神の発源地である。精神は脳の活動から発生し、社会の言語、知、文化を領有することによって心理的現実となる。精神は言葉、概念、言説、理論といったものとして現れ、そういったものによって描き出すことができる。知的活動によって成り立つ精神は、他方、魂と呼ばれる感性を包含している。精神は知的活動としてしか存続せず、魂は感性としてしか存在しない。魂と精神は〈陰〉と〈陽〉として密接不可分に結びついており、互いに相補的なものとして立ち現れる。そしてもちろん精神と魂は脳の永続的活動に依存している。

意識は精神の活動から出現し、精神がおのれ自身ならびにすべての知識の対象に反射するところから生じる。意識は第二段階の知識であり、おのれが何を知っているかを知ることによっておのれ自身を知る。意識は主体性を有している。なぜなら、意識はおのれのなかに意識の主体としての個人的存在感覚を宿しているからである。しかし意識は、その意識の主体がおのれのことを知識の対象として認識し思考することを可能にする。つまり意識は、主体性という性格を失うことなしに、自らを客体化することができるのである。意識はすべての知識の対象が反射することを可能にする。そしてそれによって、客観性の探究のみならず、とくに真理の探究を可能にして促進する。意識は人間精神の最終的産物であり、その最終的発展、その最終的特質である。しかし意識は、あらゆる最終的産物がそうであるように、最も貴重であると同時に最も脆弱なものでもあり、揺れ動き消えやすく、知識と同様に（意識は知識の最終的形態である）、誤りの危険に絶えずさらされ、最悪の場合には、自らが真の意識であると信じ込む虚偽意識に陥る。

意識的精神は現実を把握することができるものとして出現する。したがって意識的精神は脳——もっと広く言うなら人体——に遡及的に作用する。精神は自らが依存する脳に影響を及ぼすことができるのであり、脳から攻撃的ホルモン、防衛的ホルモン、共感的ホルモンなどを分泌させることができる。さらに精神は人体そのものに及ぼす力を増大させることもできる。精神はヨガが証明しているように、心臓の鼓動を減らし止めることもできる。精神がわれわれに及ぼす潜在的力はあまり知られていないように思われる。おそらく精神はまだ覚醒していない眠っている認知能力を有しており、われわれはいつかそれを認識し使うことができるようになるかもしれない。

創発的出現の原理は、何かを説明するものではなく、何かを確認するものである。したがってそれはミステリーを排除しない。わからないことはわからないこととする。しかしその原理は、精神の能動的実態、その相対的自律性、この自律性が脳に依存していること、さらには意識の実態、そして意識が精神に依存しつつ自律性を有していることなどを理解させてくれる。

意識的精神の十全たる使用だけが、われわれに精神のミステリーを自覚させてくれる。精神は心理学、精神分析学などによってさまざまな仕方で探索されてきたが、ただしそれは脳から分離されたものとして扱われた。脳は最近になって、神経科学者によって探索されるようになったが、ただし彼らは精神の概念を排除している。

ポール・マクリーン[1]は、人間の脳が爬虫類の脳、哺乳類の脳、そして人間の脳と切れ目なくつながる場所を包含していることを発見した。しかし彼は、この三つの審級を独立したものと考えるという誤りを犯した。実際には、この三つの審級は絶えざる相互依存関係にある（これはジャン＝ディディエ・ヴァンサン[2]が明らかにした）。神経科学者はさらに、左脳と右脳の二重性を突き止めた。左脳は連続的・分析的に思考すると規定されたが、誤って男性的なものと見なされた。他方、右脳は物事を感性でもって総合的に捉えるとされたが、女性的なものと見なされた。少し〈対話的論理〉に従って考えてみれば、この二つの脳が相互補完性を持っていることは明らかである。教養や人格などに応じて、一方の脳が他方の脳に対して優位になるということである。

カール・プリブラムの著作は神経科学者に無視されているが、彼は脳の機能の〈ホログラフィー〉のモデルを作成した。そのホログラムのなかでは、写真媒体の各断片に記録された情報の総体――たとえば干渉パターンの形――をもとに脳のイメージを再構成し、その三次元の概観を提示することができる。それを見ると、部分は単に全体のなかにあるだけではなく、全体が部分のなかに現前してもいる。

プリブラムはそこから類推して、記憶は脳のなかの明確な場所の細胞のなかに貯蔵されているのではなく、脳を経巡る波動の干渉パターンのなかに包含されていると考えた。池に小石を投げ込むと、そこに同心円の波がつくられることを想起しよう。記憶はこの同心円の波を逆方向に再構成した石の投げ込みのようなものであると考えることができる。

ともあれ、神経生物学者は脳の活動を、頭蓋を通して〝生きたかたちで〟検証することができるようになった。アントニオ・ダマシオ[3]とジャン＝ディディエ・ヴァンサンは、感情はつねに合理的活動と決断のなかに現前していることを証明した。脳の活動の探索は、脳の超複雑性を断片的に明らかにしたが、このわれわれの超複雑な脳／精神システムは、一般にシステムはおのれを完全に知る手段を有していないという原理によって、未知の部分が大きく残されてい

(1)〔訳注〕一九一三〜二〇〇七年、アメリカの医師・神経科学者。日本語訳に『三つの脳の進化』(工作舎) ほか。
(2)〔訳注〕一九三五年生、フランスの神経生物学者。日本語訳に『感情の生物学』(青土社)。
(3)〔訳注〕一九四四年生、ポルトガル系アメリカ人の神経科学者・精神科医。日本語訳に『意識と自己』(講談社学術文庫) ほか。

るのである。

さらに、われわれの知識獲得の過程について言うなら、単純な知覚から言語を通した思想や理論に至るまで、この過程自体が誤りや錯覚の源泉であり条件でもあることを、われわれは絶対に知っておかねばならない。この認識が、われわれを欺き幻想を抱かせるものを知るための突破口になるからである。すべての知識は、視覚的・聴覚的認知から始まって、光や音による刺激が視覚神経や聴覚神経のなかを循環する二進数的コードに翻訳され、脳のなかで再構成される。したがって、すべての知識は誤りや錯覚の危険に永続的にさらされている。われわれはつねに解釈をするように宿命づけられているということである。

他方、すべての知識対象は知識主体の精神が参与して構築されるが、知ることのできないものを含む現実の知覚を通して形成される。つまり、すべての知識の背後には無知が含まれているということである。このことについて、ダニー＝ロベール・デュフール[4]は次のように述べている。「自明性や確実性は誤りや虚偽と合致する[5]」。

知識についての知識の教育を怠ることによって、われわれの教育システムは人間の行く末についての誤りや錯覚に永続的にさらされており、その致命的脅威は増大しつつある。

かくして知識機械は、未知のものからごくわずかしか引き出して既知のものとすることができない、未知の部分を広く含んだ機械であるが、それだけでなく、誤りと錯覚の機械でもあるのだ。知識機械はいかに見事に組織化されていようとも、不確実な世界と不確かな現実のなかにおける不確かなものなのである。[6] われわれはもちろん、ときに大きな困難に直面しながらも、確実性を獲得することができるが、それは、多くの情報源の一致や多くの実証を経た事実や出来事に基づいてのことである。そしてわれわれは解釈をするという営みから逃れることはできない。カール・ポパーが明らかにしたように、科学理論は、批判可能であり見直し可能であるがゆえに科学的なのである。そうした点から見て、十九世紀の科学理論で生き残っているのは、進化の理論と熱力学の理論だけであり、これらもその後さらに発展した。科学的な理論でも、証明不可能な前提に依拠していたり、説明の原理自体を説明できないことがある。帰納と演繹、この二つの合理的説明の手段は、ともに大きな落とし穴を有している。前者は経験的なもの（ポパー）、後者は論理的なもの（ゲーデルとタルスキ）である。われわれの認識のメタシステムは、われわれの知識を第二段階の知識のなかに包括するものであり、それ自体が落とし穴を有

（4）〔訳注〕一九四七生、フランスの哲学者。日本語訳に『最後の人間からの手紙』（書肆心水）。
（5）*Le Bégaiement des maîtres*, éditions François Bourin, 1987, p. 22.
（6）本書第二章「現実」を参照。

しているのである。

脳はありきたりの機械ではなく超複雑な機械である。普通の機械はインプットがわかればアウトプットがわかる。言い換えるなら、それはわれわれがこしらえた人工的機械のように完全に決定論的な機械である。われわれが不確実性を導入した最新のロボットに至るまでそうである。人間の脳／精神の非凡さは、複雑性や超複雑性と結びついた不確実性だけではない。それは思いがけない決定や行動、まったく予期せざることを行なうところにある。あるいは、一八八九年一月三日、ニーチェがトリノで狂気に取り憑かれたときなどがそうである。あるいは、ベートーヴェンの交響曲第九番のような創造行為がそうである。

われわれは三つのミステリーに逢着する。

(1)欲望、恐れ、抑圧などフロイト的な意味における無意識だけでなく、無数のニューロンとともに無意識的に機能するわれわれの脳の奥深いミステリー。また、小さな、かそけき意識の炎の出現とともに無意識的に機能するわれわれの精神のミステリー。

(2)自己組織化・自動調節化され、不安や苦痛による警告がないかぎり無意識的に機能する比類なき機械としてのわれわれの人体のミステリー。

（3）記憶装置のなかにわれわれの胎児のときの生命や祖先のことを包含しているわれわれのアイデンティティのミステリー。

われわれの無意識、われわれの人体、われわれのアイデンティティのなかに組み込まれた記憶によって構成された、この密接不可分に結びついた三位一体によって、われわれのなかにはわれわれの出自に関するすべての事柄についてのとてつもない知が埋め込まれている、と考えることができる。宇宙、生命、祖先などについて、われわれがまったく知らないことがわれわれの体のなかにあるのである。われわれの最も大きなどうしようもない無知のひとつは、すでに述べたように、われわれはわれわれが何を知っているかを知らないということである。

類推的知識

精神は論理的に機能するだけでなく、類推的にも機能するが、さらに対話論理的にも（これは矛盾を引き受け結びつける）機能する。[7]

知識機械が論理的なものと類推的なものを同時に活用することは注目すべきことである。しばしばメタファーとして用いられる類推は、ノーバート・ウィーナーが唱えるサイバネティクス理論によって一九五〇年以降科学的に復権されているにもかかわらず、科学者が今日もなお軽視している知識獲得の固有の手段である。ウィーナーは、自然機械や人間機械（そこには社会や人工機械も含まれる）において類推的（アナログ的）な調整過程が存在することを証明した。

類推は計算を除くすべての知識獲得様式のなかに存在し、状況や人によってちがいはあるが、合理性の論理によって統制・訂正される。さらに、合理性とまったく矛盾しないわれわれの知識獲得過程において、類推が適切に使用されることもある。類推は日常生活のなかで最も重要なものであり、それはメタファーやイメージという形態をとって感情や思想を表現する。類推は詩を支配するものでもある。詩は〈魔力〉をつくりだす類推−魔術的な知識様式である。

あらゆる神話の源泉である魔術的思考は、ミクロコスモス（人間界）とマクロコスモス（宇宙、自然）とのあいだの類比（アナロジー）に依拠している。物と名前とのあいだ、対象とそのイメージとのあいだには、類比的な結びつきがある。魔術的思考はここに依拠する。たとえば治療師は、病人の所有する物、現在で言うなら病人の写真、あるいは電話の声といったものを基にして病気を治療する。

こうした知識形態は迷信や錯覚に通じるものでもあり、長いあいだ科学的に無視されてきたが、そこには真理も含まれており、物理的宇宙論や生物学の最近の発展によって、その真理が認識されている。ホログラムによると、全体は部分のなかに刻印されているが、それと同じく、すでに述べたように、人間は宇宙の出来事や生命の出来事をおのれの内部に抱え込んでいる。その意味で、人間は宇宙に似たミクロコスモスなのである。

加えて言うなら、人間と自然との類比的関係には、神話的なものによって表現されている真理がある。すなわち、西洋文明が最近のエコロジー的意識の出現に至るまで分離的に捉えてきた人間と自然という二つの項は結びついているという真理である。

魔術は、動物と植物は人間的特質を有し、自然現象は全能の精神によって支配されている、という考えによって成り立っている。魔術は精神の全能性を前提にしている。精神は治療師となり（シャーマニズムや磁気学や按手（あんしゅ）などによって）、悪魔払いを行なうことができる。

魔術は昔話あるいは迷信の名残りとして片づけられている。たしかに、魔術は時代遅れの考え方ではあろうが、その遺産は、とくにわれわれがつくった神話や宗教を通して、深い普遍性

(7) Cf. *La Méthode, 3, La Connaissance de la connaissance, op. cit.*, pp. 139–142.〔モラン前掲『方法3』二〇一～二〇五頁参照〕

をもってわれわれの心のなかに現前し続けている。[8]

リュシアン・レヴィ＝ブリュール[9]は、小児的、魔術的、神秘主義的な〈原始的〉心性について述べるとき、原始的な狩猟採集人が、陶器、食器、装飾品などをつくって使ったり、火をおこしたり、家を建てたり、戦略を練ったりするために、合理的に思考していたことを忘却している。レヴィ＝ブリュールはまた、近代人は中途半端に合理的であって、小児性を有していて、虚言を弄したり、常軌を逸した行ないをしたりもすることを忘れている。

精神の創造力

生き物の創造力のなかで本質的な役割を果たすのは、記憶と遺伝の痕跡を包含し、それを創造的に変える再生産装置である。

人間の創造力において本質的な役割を果たすのは精神／脳である。これは先史時代以来、芸術や技術のみならず神話や伝説の豊かな開花においても、その刷新的創造力を発揮してきた。

人間の創造力は生き物の創造力と連続的／不連続的である。人間の創造力はその豊かな増殖性において生き物と連続しているが、その創造力が脳と精神の結びつきに由来するという意味で生き物と不連続である。人間の創造力は、脳と精神の結合を通して、文明、技術、言語、文化、儀礼、宗教、交易、建造物、記念碑、芸術作品といったものを生み出した。

装身具、装飾術、タトゥー、顔や体へのペインティングといったものにおける人間界の色彩と動物界の色彩とのあいだには、連続性／不連続性が見られる。また人間文明は、さまざまな形を持ち豊かな色彩に彩られた衣服を創造した。

不連続性のなかに連続性があることにも注目しよう。翼の獲得は、すでに見たように、空を飛びたいという希求の産物であると思われる。この希求は当然にも地上の種に発現し、その結果爬虫類が、鳥や昆虫や哺乳類（コウモリのような）になったのであろう。そして人間もまた同じ希求を持った。人間は、人間の顔をした空飛ぶ種である天使を描いたり、蠟付けした羽根を持つイカロスのように空を飛ぶことを試みたりして、この希求を表現したのである。レオナルド・ダヴィンチは空を飛ぶ人間の模型をつくった。飛行機が発明されたあとも、クレム・ソ

（8）Cf. *L'Homme et la Mort, op. cit.*〔モラン前掲『人間と死』参照〕
（9）〔訳注〕一八五七～一九三九年、フランスの哲学者・人類学者。日本語訳に『未開社会の思惟』（岩波文庫）ほか。

ーンはエッフェル塔の上から人工の翼をつけて空中に身を投げ出して死んだ。[10] しかしそのときすでに、クレマン・アデールがエンジンとプロペラのついた翼を持った機械をつくり、地面から少し浮き上がるのに成功していた。空中飛行はこうして発達し、われわれは空飛ぶ生物になったが、ただし航空機のなかに身を置いてである。

精神／脳は日夜活発に作動している。メーテルリンクはこう言っている。「われわれの魂のなかには内海のようなものがある。そこは恐るべき暗い闇の溜まり場のようなところで、不明瞭で表現しがたいものが奇妙に吹き荒れている」。夢は貴重なものと廃物とが入り混じったごみ捨て場であり、記憶されたもの、想像されたもの、象徴的なもの、ときには予感されたものや知的なものなども詰め込まれている。[11] 夢の想像力はとてつもなく大きい。われわれの夢は前日に会った実在の人物を再現することもあるが、不思議な出来事、ありそうなことやありそうもないことなど、さまざまなことを写し出す。毎晩、われわれの精神から、想像を超えるものが創造され増殖する。

われわれが日々ルーチンワークをこなしているある人間の精神／脳のなかに入り込むことができるなら、われわれはそこに一日分の夢のありさま、幻覚、夢想、対話、快挙、想像上の殺人、エロティックな幻想などを発見することになるだろう。

われわれはわれわれの精神の支配者ではない。改宗（回心）を考えてみれば、われわれの精神がいかに突然の啓示によって変化するかがわかる。イエスの弟子の迫害者サウルの場合がそうである。彼はダマスへの途上で、イエスが現れ、彼に「サウルよ、なぜおまえは私を迫害するのか？」と尋ねたとき屈伏してパウロとなり、キリスト教の創設者となった。その他にも、たくさんの啓示による改宗がある。たとえば、アウグスティヌスの改宗や二十世紀にはポール・クローデルの改宗もあった。それらはすべて、宗教的信仰（コミュニズムのような地上の救済を旨とする宗教も含む）に敵対的な懐疑的精神（の持ち主）のなかにおいて起きた。つまり、宗教的信仰が人の心の内部から、懐疑の合理的構造を無意識的に浸食して衝撃的な啓示が起こり、この合理的構造を破壊してそれに取って代わるのである。確信と信仰の必要性が改宗を引き起こすのであり、それに対して改宗から脱却するには難しい批判的作業が必要となる。

精神の領域において確実に獲得されたものは無きにひとしい。一九一四〜一九一八年の第一

---

(10)〔訳注〕ソーンは一九一〇〜三七年、アメリカのスカイダイバー。一九三七年、エッフェル塔での滑空ショーの最中に二十六歳で事故死した。

(11) 夢はひとつの鍵であけられるものではなく、これをあけるには鍵の束をさがさなくてはならない。

次世界大戦の際、『戦いを超えて』[12]のなかで、仲間同士が殺しあう戦争を明断に断罪した唯一の知識人であったロマン・ロランですら、一九三〇年からモスクワ裁判に至る時期にスターリン主義の盲目性のなかに陥った。私自身も、十八歳のときスターリン主義的コミュニズムにはっきり反対する政治的教養を身につけてはいたのだが、一九四二年、モスクワ(ソ連)のドイツ国防軍に対する抵抗のあとソ連シンパに改宗した。[13]その時私はしっかり合理的に判断し決定したと思い込んでいたのである。[14]

聖アウグスティヌスからアラゴン、エリュアール、ジャン＝トゥーサン・ドゥザンティ、[15]ジョリオ・キュリーに至るまで、いかに多くの明晰で合理的な科学的精神の持ち主が不条理な信仰に改宗したことであろうか。しかも、こうした〈不条理ゆえにわれ信ず〉が、パウロ、アウグスティヌス、パスカルをはじめとする多くの人を支配することになったのは、彼らの理性に対する無力感に基づいているのである。

特筆すべきことは、ホモ・サピエンス／デメンスが生まれて以来、精神／脳は、心霊体(エクトプラズマ)が具象化したかのように、神話、亡霊、神などが実体的形態をまとって現れるという幻想をもたらすということである。

人間の精神は〈神話的創造力〉を有しており、神々を創造する。そしてこの神々は共同体を支配する強力な権威と力を持ち、精神を植民地化するまでに至る。逆に言うなら、人間の精神がなければ神々は存在しえないのである。

人間の精神は熱狂（ヒステリー）の素質を有している。つまり心理的現実に身体的現実を与える能力を有している。たとえば、精神的動揺が座骨神経痛や腫瘍を引き起こす。私は、ヒステリー的素質はさらに広範囲に現れ、想像力の産物に現実性や超現実性を与える能力として発現する、と考えている。

たとえば、原始的社会には無数の霊的存在が住み着いている（こうした霊は十九世紀に再び現れ、家に取り憑き交霊術をもたらした）。精神＝霊はカンドンブレ[16]やヴードゥー教の〃教義〃の

(12) 〔訳注〕一九一五年に発表されたロマン・ロランの平和宣言。日本語訳は『ロマン・ロラン全集18 エセー1』宮本正清訳、みすず書房、一九八二年に収録。

(13) 私は自著 *Autocritique*〔『自己批評――スターリニズムと知識人』宇波彰訳、法政大学出版局、一九七六年〕のなかで、何が私の改宗をもたらしたかを回想したが、当時私は自分がスターリニズムについて持っていた正しい知識を五年間隠したのであった。

(14) このことについては自著で言及している（*Autocritique*, p. 79 *sqq.*）〔モラン前掲『自己批評』六〇頁以下〕。

(15) 〔訳注〕一九一四～二〇〇二年、フランスのマルクス主義哲学者・数学者。日本語訳に「暴力」（『現代フランス哲学12講』青土社、所収）。

(16) 〔訳注〕アフリカを起源とするブラジルの呪術的儀式。

なかで神格化され、憑依の儀式を通して信者のなかに身体化される。

おそらく精神のなかには、もともと〈霊的分身〉が存在する。それは原始的信仰においてはまだ潜在的であったのだが、われわれの自己の影、反射、像といったものを通して現れ、夢のなかで活性化するのであろう。この分身は死後、非物質的亡霊として生き続け、祖先の精神＝霊となるのである。それは、たとえば古代ローマの家族信仰に見られるし、また今日でも中国や日本で見られるものである。[17]この分身がギリシャ（神話）の〈ダイモーン〉になったのではないだろうか。つまり、人の内側にも外側にも存在して一種の有益な助言をもたらしてくれる者である。さらにそれが、キリスト教化された時代の守護天使になったのではないかと考えられる。

われわれの精神から生まれるすべての霊はわれわれの精神によって養われる。そしてその霊はわれわれの精神を保護し救済することを約束しようとするのである。

人間の精神の神話創造力は、あらゆる文明において、とりわけ神々の創造として発現した。『イリアード』は、オリンポスの神々が人間のやること、とくに戦争に介入することを明示している。メソポタミアやアステカの神々のように、血の臭いのする恐ろしい神々は人間の犠牲を求めた。また聖書の神は、カナーン人——女性、子ども、動物、果樹などを含む——の殺戮を要求した。一神教の神は永続的な崇拝、絶えざる称賛、苛烈な命令への従属を求める。われわれは、われわれの存在なくしては存在しえない神のために死んだり殺したりすることができる。われわれは、われわれの存在があってはじめて存在することができるものに依存しているということだ。神は信者を有しているかぎり不滅であるが、信者がいなくなれば死滅する。

他方、近代社会の非宗教化された精神においては、思想が全能的になり——ナショナリズム、コミュニズム、ファシズムなど——、従順な信者を求める。イデオロギーは、マルクス主義もそうだが科学を自称し、現在は、経済的自由主義が無条件に信仰され精神を領有している。科学的精神のただ中においても、たとえば普遍的決定論や還元主義のような欺瞞的な思想が教条的に君臨している現実がある。

想像的世界が神々のなかで現実化する一方、想像的現実を——その想像的性格を十分に自覚しつつ——創造する別の諸力も存在する。それは小説家の力である。バルザック、ディケンズ、ゾラ、プルースト、ムージルなど、偉大な作家たちにその力が見られる。彼らは人間の社会的

(17) Cf. *L'Homme et la Mort.*〔モラン前掲『人間と死』参照〕

世界、人物、状況、出来事などを、無限の豊かさ、多様性と複雑性をもって再創造する。そこには極端とも言える世界が描かれたりするが、人間の精神の力についてわれわれの目を開かせてくれるのはこうした極端な世界であり、われわれがそのことにあまり気づかないだけのことである。

小説のなかでは想像的なものが現実的なものと協働する。そこから、現実性を帯びた幻想的世界が生まれる。このことはさまざまな芸術においても言えることである。

シャーマニズム

人間の精神の最大かつ奇妙な能力を認識するためには、長いあいだ過小評価され民族誌的な関心事としか見なされてこなかったシャーマニズムを見直さなくてはならない。シャーマニズムは、シベリア、アメリカ大陸、アジアなどの原始的社会において普遍的なものであった。ガリアのドルイド僧はシャーマンであったと思われる。シャーマンは伝統的社会において魔術師や祈禱師というかたちで存在し続けた。それは現在、ペルー、コロンビア、ブラジルなどで復活している。シャーマニズムは近代社会で長いあいだ非合理的な信仰や迷信と見なされてきたが、その後西洋の科学的実験によってシャーマンの治療や予知能力の有効性が立証されるところとなった。[18]

シャーマンは〈賢人、治療師、助言者、透視者〉としての性格を兼備している。シャーマンは、文化、信仰の受託者であり、すべてのものが意志疎通する魔術的－類推的世界のただ中で精神＝霊魂（祖先の霊魂、動物の霊魂）と意志疎通することを可能にする実践の担い手なのである。シャーマンは不可視の世界と交流するための儀礼をつくり司る。そして精神に直接働きかけたり、治療効果のある植物や物質を使って病気を治療する。シャーマンは超感覚的な感知能力を有している。テレパシー、予知能力、遠くの物を見る能力などを使って死者の世界と生者の世界を結びつける。

シャーマン的な精神／脳の活動は、アマゾンのアヤワスカのような飲料、メキシコのペヨー

（18）Gala Naoumova : *Taïga transes. Voyage initiatique au pays des chamans sibériens*, Calmann-Lévy, 2002. Corinne Sombrun, *Les Esprits de la steppe*, Albin Michel, 2012. Cf. le premier livre d'ensemble, Mircea Eliade, *Le Chamanisme et les techniques archaïques de l'extase*, Payot, 1992.〔ミルチャ・エリアーデ『シャーマニズム』上下巻、堀一郎訳、ちくま学芸文庫、二〇〇四年〕

テや幻覚キノコ、あるいは単調な太鼓の響きや歌の反復的歌唱によって刺激される。そしてトランス状態のなかで／によって活性化する。シャーマンはトランス状態のなかで、生命の世界、植物や動物の世界、そして精神＝霊魂の世界（祖先、場所の精霊など）と意志疎通する（ジェレミー・ナービー[19]によると、このコミュニケーションは、すべての生き物に共通の遺伝子言語である普遍的DNAによって行なわれる[20]）。

シャーマンは植物や動物のなかに隠されている知識にテレパシーでアクセスすることができる。シャーマンはまた、先史時代の原始的人類の指導者であり教育者であったのではないだろうか。

シャーマンは人々の食料補給にとって必要不可欠の役割を果たしたと考えることができる。たとえばアマゾンやメキシコの先住民社会においてそうであっただろう。アマゾンの植生の多様きわまりない豊かさを考えると、先住民が生活にとって不可欠の食用植物や治療効果のある植物を偶然見つけたとは考えにくい。シャーマンの知が食べられる植物を選び出し毒のある植物に注意を促したのであろう。先住民の共同体はとくにトウモロコシを好み、樹皮などを使いながら各共同体によって異なった仕方で焼いて食べていた。人類学者はこうした実践は迷信に基づくものと見なしていた。しかし、生物人類学者がトウモロコシを焼くときに添加されたものを分析したところ、これらの添加物が、トウモロコシの栄養素であるリジンを人体が同化吸収しやすくするものであることを確認したのである。[21]

したがってシャーマニズムは遠隔的知識あるいは遠隔精神感応を包含したものであり、それがトランス状態のなかで発現し、透視状態をつくりだすということであろう。つまりわれわれとしては、擬態的・類推的な直観（ミメーシスは知識を呼び起こし包み込む精神の活動である）[22]、あるいは〈身ぶり媒介的〉（mediumimique）〔medium と mimique の合成語〕な直観に属する認識過程を想定しなくてはならないということである。

幼少の頃から先天的にシャーマンとしての〈天分〉を感じる者もいるが、シャーマンの息子や娘は親から教育を受けてシャーマンになる。このことは、シャーマンとしての潜在的な精神的天分はすべての人間に存在するのであり、それを養い伸長すれば、誰でもシャーマンになれるということを意味する。しかしそうした天分は、自然発生的にはかぎられた人にしか発現することはない。

（19）〔訳注〕一九五九年生、カナダの人類学者。
（20）*Le Serpent cosmique : l'ADN et les origines du savoir* 〔« The Cosmic Serpent : DNA and the Origins of Knowledge »〕, Georg Éditeur, 1997.
（21）S. H. Katz, cf. *L'Unité de l'homme.*
（22）このあとの記述を参照のこと。

他方、ジョーヴェやレスコーの洞窟壁画を描いた芸術家たちは模写能力に優れたシャーマンであったと考えられる。彼らは、洞窟の奥からは直接観察することができない動物を比類無きリアリズムで描くことができた。彼らは記憶によってこれらの作品を制作することができたのであろうが、それはおそらく穏やかなトランス状態のなかにおいてであり、これはすべての芸術家に当てはまることである。

私自身の経験を言うと、私は芸術に挑戦しようなどという意図はまったく持たずに、私の親類縁者たちにそっくりの戯画を彼らのいないときに戯れに描いていたが、モデルを見ながら額、目、唇などを分析的に描こうとし始めたときから、私の描く絵は彼らにまったく似ていないものになった。

ミメーシス（模倣＝擬態）

正真正銘の憑依と言える擬態がある。私は私の親しい師を模倣することが大好きで、この模倣の欲求はしょっちゅう私に取り憑いた。しかし、とくに私が取り憑かれたのは師の人柄だった。私は、師の声を真似ながら、師と同じように思考した。そのとき、私は私であることを忘れるほど師になりきっていた。

夢のミメーシスというのもある。ある朝、私は夢で見たある人物が、その考え方、声、しゃべり方まで、そっくり私に乗り移っていて仰天したことがある。

ミメーシスは必要不可欠な精神活動であり、ルネ・ジラール[23]はこれを見事に描き出したが、彼は摸倣におけるモデルとの競合関係を強調しすぎたのではないかと思われる。

摸倣＝擬態行為は人類以前から存在する。動物の摸倣＝擬態は数かぎりなく存在し、昆虫の色や形に見られるようにさまざまなタイプがある。しかし、それはまた、爬虫類、鳥類、哺乳類にも見られる。人間の場合は、まずもって精神的なものである。人間の先天的な摸倣＝擬態能力はシャーマン＝芸術家の精神のなかに見られる。彼らはモデルを直接見ないで洞窟壁画を描くことができた。この摸倣＝擬態能力は自分に与えられた役のなかに入り込む役者にも見られる。さらに言うなら、この能力は映画の登場人物に感情移入する観客のなかにも見られる。

ミメーシスが類推的知識であること、そしてこのミメーシス的知識が新たな領域に移行して

(23)〔訳注〕一九二三～二〇一五年、フランス出身の文芸批評家。ミメーシス（模倣＝擬態）論で知られる。日本語訳に『暴力と聖なるもの』（法政大学出版局）ほか。

新たな創造を可能にすることを理解することがきわめて重要なのである。要するに、ミメーシス的行為は創造力の発揮を可能にする知識獲得様式なのである。

ヴィクトル・セルジュ[24]は小説をトランス状態で書いたと記している。それは、自分が創造した人物に取り憑かれているといった穏和な（痙攣的ではない）トランス状態であるとともに、その人物の内面で起きていることを強く感じるミメーシス的トランス状態でもある。小説家はポストシャーマン的力を有していて、生き生きした人物をつくりだし、その主観性のなかに入り込み、社会的・自然的世界を再創造することができる。もちろんそれはフィクションとしてではあるが、その能力は生命力を有する神々や神話をつくりだす超自然的な創造力に匹敵するものである。

偉大な作家、偉大な音楽家、偉大な画家、偉大な詩人は、ポストシャーマン的存在なのである。

レンブラントはモデルの顔を通してその魂を表現するミメーシスの才能を有していた。ミロは次のように述べている。「私の絵について説明するのは簡単ではない。なぜなら、私の絵はいつも幻覚状態から生まれるのだから」。コーヒー（バルザック）、コカイン（コクトーほか）、アルコールなども創作者がトランス状態や幻覚状態に近い（夢遊的な）〈第二状態〉に入ることを助ける。

フラメンコには歌手やダンサーが音楽に支配されてトランス状態に入る瞬間がある。〈歌い出し〉からしばらくのあいだは、歌手はまだ霊感を吹き込まれていないが、突然〈妖しい魔力〉が出現する。つまり声が格段に変化するのである。アンダルシアの聴衆はそれに感づき、〈オーレ〉という掛け声によってその崇高の瞬間の到来を表明する。

学者が覚醒しているときには解けなかった問題の答えを睡眠中に見つけることがあるが、これは睡眠中に創造力が現れたということである。

夢遊状態は超能力（透視能力）をもたらすことがある。私にも経験がある。ある日妻のエドウィジュと旅行から帰ったときのことだが、妻が留守中自分でしまっておいた（室内の）鍵を見つけられなかった。彼女は一日中あちこち探したがどうしても見つけることができなかった。するとある晩、彼女はベッドから起き出して夢遊病者のように歩き始めたので、私はついていった。彼女は浴室に行き、浴槽の縁に乗ってクローゼットを開け、積んであったタオルの下に手を入れて、鍵の束を引っ張りだし、そのあと浴槽の縁から降りてベッドに向かった。私は彼女の手から鍵の束を静かに取り上げた。翌朝、彼女が目を覚ましたとき、私は彼女の目の前に

---

(24)〔訳注〕一八九〇～一九四七年、ベルギー出身、フランスで活動した革命的マルクス主義者・小説家。日本語訳に『勝ち取った街』（現代企画室）ほか。

鍵の束を差し出した。すると彼女はいぶかしそうな顔で、「どこで見つけたの?」と私に尋ねたのである。

媒介者は霊魂とコミュニケーションするために自分を夢遊病状態に置く。すると霊魂が現れる。〈ダイモーン〉や守護天使あるいは神々といった霊魂は実際に存在する。しかしそれらは、われわれの精神/脳によって養われ維持されるのであり、信者の共同体がそれらの存在を養い維持するために協力するからこそ現実的な力を持つのである。

俳優の技術なども含めてすべての芸術的創造がポストシャーマン的あるいは原-シャーマン的なインスピレーションの源泉を包含しているとして、それは半-シャーマン的なものであることに注目しなくてはならない。なぜなら、そうした創造は合理的意識の協力、つまり訂正し、修正し、解体し、変更するといった批判を含むものでもあるからだ。アインシュタインは創造の二重の様相をしっかり把握した。すなわち、隠れた源泉への浸透と最高度の意識水準への上昇。「芸術は心理学的に言うと、原始的思考形態への人為的な退行ではないだろうか。言い換えるなら、麻薬やアルコール飲料あるいは魔術や宗教などによって触発される現象と同じものではないかということである。この問いへの答えは以下である。すなわち、芸術作品の弁証法はきわめて興味深い〝二元論的統一〟に依拠して構築される、ということだ。芸術作品のなかにおいては二元論的過程が遂行される。すなわち、最高度の意識水準への猛烈な上昇と、それと同時的に起きる感覚的思考のもっとも奥深い地層への浸透」。

人間による創造は、トランス状態と意識との結合、憑依と理性との結合である。すべての偉大な創造においては、論理が類推とコラボレーションし、合理が直観とコラボレーションする。そのとき創造は至高の段階に達し、視聴者、観客、読者を、驚嘆と陶酔の魔法にかけるのである。

われわれは、シャーマニズムのもたらすトランス状態や憑依状態、カンドンブレやヴードゥーといった原始宗教の儀式といったものを極端な例と見なしがちである。[25] しかしわれわれ自身もまた、自分が詩的あるいは美的な感興を催したとき、驚嘆したり魅了されたり陶酔したりしたとき、要するに高揚感に囚われたとき、憑依や半トランス状態を経験しているのである。そうした経験をわれわれはしばしばアルコールや薬物に求めたりもするのだが、とくにそうした探求の媒介となるのは祭りや恋愛である。

われわれは群衆の熱狂やパニックのなかでトランスや憑依を経験するのだが、それは密集し

(25) シャーマニズムは世界中の原始的社会において普遍的に見られるもので、それが現代の都市のなかに回帰してきているのである。

たなかで生じるある種の心理状態のなかで集合的存在としての主体が形成されるからである。そのとき、諸個人は一時的に、錯乱した多細胞生物のなかに統合された細胞となる。われわれはそうした状態を、応援するサッカーのチームが勝利のゴールを決めたときのような熱狂的、幻想的な瞬間として経験するのである。

われわれは、地下鉄のなかで偶然出くわした人物の顔、あるいは映画のなかで大写しにされたスターの顔がわれわれに及ぼす絶大な呪縛力を認めなくてはならない。[26] エロスの持つ万有引力的な力はわれわれを抑えきれない憑依状態（ありきたりの言い方をするなら〈興奮状態〉）に置く。この状態は呪縛的なものであり、性交による絶頂が痙攣するほどの恍惚に達するのと同じである。[27] ポルノと呼ばれるものは、なにか神秘的なもの、聖なるもの、宗教的なものを有している。ポルノにおいては、ペニスやヴァギナへの崇敬、射精といったものが、無意識的にある種宇宙的な儀式を執り行なう。

詩的状態

私が自分の著作のなかで幾度となく繰り返してきたこと、つまりわれわれの生は散文と詩に引き裂かれ分極化されているという考えを、ここでもう一度想起しよう。前章までに述べたように、散文的生は、義務や拘束や必要というわれわれが喜びを感じることなく行なう行為に関係している。それに対して詩は、あらゆる共同的状態、感動、遊戯、愛情などの発露、あるいは美的喜びといったものに関係している。そうしたものはわれわれを普通の状態ではない幸福感で満たす。幸福感は詩的状態がきわまったものである。レオパルディはこう述べている。「幸福を知り理解することができるのは、詩的なものを感じることによってである。幸福は感じることによってしか知ることも理解することもできない」。

詩的状態は人間の最も奥深いところにある希求を構成する。

(26) スターに対する特別の崇拝はここから生じる。E. Morin, *Les Stars*. Seuil, coll. « Points », 1972 を参照。〔モラン『スター』渡辺淳・山崎正巳訳、法政大学出版局、一九七六年〕

(27) 性行為が苦悶にも似た痙攣的激しさを引き起こすのは、人間以外には猫にしか見られないことは興味深い。

詩的状態は、美的感動から熱狂へ、称賛から感嘆へ、という動きと一体化する。詩的状態は、日常生活で見つけた小さな喜びや祭りの陶酔感覚、愛情の高揚や恍惚感などと融合する。詩的状態は、夢遊病的な〈第二状態〉を引き起こし、それは増幅されるとトランスや憑依の状態に移行する。

詩的状態の多様な形態を表現するとともにポストシャーマン的状態を言い表すいくつかの言葉を要約しておこう。

＊第二状態：これは、狂乱(ヒステリー)や催眠状態に見られる意識の混乱を病理学的に定義したものである。われわれはこの状態を病理的観点から引き剝がして、詩的状態として一般化して捉える。この状態は創造行為のなかで共同性や一体感として現れる。狂乱(ヒステリー)や催眠状態は第二状態の極端な事例である。

＊美的状態：自然の光景やなんらかの出来事、人間の行動、そしてもちろん芸術作品などによって引き起こされる喜びや幸福感を伴った詩的感動。

＊驚嘆状態：大いなる称賛、美的感動の強度が高まった状態。

＊共同感覚状態：集団的に共有された感情や思想の一致と諧調。

＊神秘的状態：語源のギリシャ語の意味では、神秘を知ること。ヴェールに覆われた外見

を超えて、最も高度な現実と一体化／融合した状態に入った感覚。神秘的状態は統一感と諧調感を与える。私は現に存在しているものに対して神秘性を強く感じる質(たち)であるが、それは、ジャンケレヴィッチが言ったように、「われわれ自身の存在と世界の日常的神秘」に敏感だからである。[28] 私はここで、フロイトがアダメクに書き送った手紙の興味深い一節をどうしても引用したくなる。「知的な人は誰しも神秘的なものを信じ始める境界線を持っています。その境界線を超えるとその人独自の生が始まるのです」。

＊憑依状態：なんらかの神性、霊魂、祖先、悪魔、別人格、未知の諸力などが住み着いた状態。

＊トランス状態：憑依、巫女(ピュティア)、霊媒、オルガスム、詩的・文学的・音楽的霊感、祭りなどに起きる状態。これは、ポストシャーマン的な諸状態が出会う転車台における（夢遊病的）第二状態である。ジル・レオトーは、シャーマン的トランス状態、自己同一的トランス状態、感情移入的トランス状態の三つを区別している。[29] シャーマン的トランス状態

(28) 私は神秘的精神と批判的精神は対立しながらも相互補完的であると考えている。合理的精神と情熱的精神の関係も同様である。

(29) ジル・レオトー〔フランスの民族音楽学者〕がわれわれに行なってくれた〈音楽とトランス〉

は〈劇的〉（つまり激烈で痙攣的）あるいは凝固的（カタレプシー）であるが、自己同一的トランス状態は、カンドンブレのような魔術‐宗教的儀礼における上位の精神＝霊魂や、ルーダン〔フランスの小村〕で一七世紀に起きた悪魔憑き[30]のような悪魔的な精神‐霊魂に取り憑かれた状態である。感情移入的トランス状態は、神秘‐宗教的な状態（アヴィラの聖テレサ[31]やシャブタイ・ツヴィ[32]に起きたような）であり、それは忘我状態（エクスタシー）に行き着く。しかしまた、アラブの〈タラブ〉[33]（音楽舞踊パフォーマンス）やフラメンコの〈ドゥエンデ〉（魔力）のように、観客に高揚した一体感をもたらす非宗教状態をも包含する。

＊高揚状態：これは強度の最も高い幸福感をもたらす。

＊霊感状態：これは芸術家の創造力を活性化させる息吹で、トランス状態の一形態でもある。

＊神聖状態：感動が対象に対する無限の尊敬、献身、敬虔な感情をもたらし、崇拝にまで達する高度に詩的な状態。

＊崇拝状態：神や神格化されたものに対する神秘的かつ神聖な愛に満たされた状態。

エクスタシー

エクスタシーは詩的状態の最高段階である。

詩、愛、参加などに関わるすべてのもののなかには、自己と世界との分離を促す脳の中枢機能の弱化という現象が見られる。この自己と世界が一体化しようとする特権的状態のなかで、人は分離と非分離の双方に関わりを持つことになる。

神秘的熱狂（十字架のヨハネやジャラール・ウッディーン・ルーミー[34]のような熱狂、あるいは奇妙な儀式、仏教徒の瞑想、偶像崇拝など）は、それ自体が一体感覚のトランス状態であり、エクス

---

(30) イェジー・カヴァレロヴィチ〔一九二二～二〇〇七年、ポーランドの映画監督〕の素晴らしい映画『尼僧ヨアンナ』（一九六一年公開）が、これを独自の仕方で描いている。

(31) 〔訳注〕一五一五～八二、スペインの神秘思想家。日本語訳に『完徳の道』（岩波文庫）ほか。

(32) 〔訳注〕一六二六～七六年、トルコ出身のユダヤ人神秘主義者、偽メシア。

(33) 八世紀のウマイヤ朝のカリフが、当時の有名な歌手の歌を聞きながら、興奮のあまり自分の服を引きちぎったという話を、ジル・レオトーが報告している。

(34) 〔訳注〕一二〇七～七三、ペルシアの神秘主義詩人。日本語訳に『ルーミー語録』（岩波書店）ほか。

タシーに通じるものである。エクスタシーというのは、自己と世界との分離、自己と他者との分離、自己とわれわれとの分離を行なう脳の葉の機能が弱化するだけでなく抑止された特別の状態である。

エクスタシーとは、人が自己を喪失しながら自己を発見し、自己を忘却しながら自己を完遂するという奇妙な状態である。

エクスタシーは、〈崇拝対象〉、〈絶対的なもの〉、あるいは〈全体〉といったものとの融合感覚をもたらす。

エクスタシーに至る道程は多様であり、神秘的トランス状態、祭り、陶酔、情熱などに由来するトランス状態の強度の極度の高まりから生じることもあれば、逆に、超越瞑想の極度の静謐から生じることもある。

詩的状態が人間存在の奥深い希求であるとするなら、エクスタシーはこの希求の最高度の希求である。(35)

エクスタシーは言語を絶するものを体験する可能性をわれわれに告げているのであろうか？エクスタシーは未知のものとの一体化なのであろうか？　ここで、エクスタシーは、脳が量子論的現実と相互作用することによってこの一体化を可能にした状態である、という仮説を提起することができるかもしれない。(36)

〈サンサーラ〉（輪廻）とは、つきつめると、多かれ少なかれ自動化され機械化され隷属化した〈散文的〉な生の繰り返しである。そこから遠ざかることによって世界と一体化した〈詩的〉な生が現れる。これが高揚していくと、エクスタシーを伴ったニルヴァーナ（涅槃）に近づくということであろうか……

直観

直観とは、われわれの精神／脳が、理性や経験とは無関係にものごとを認識する特性を有しているということであろうか？　それは無意識的過程が意識化されてもたらされるものだろう

(35) ジル・レオトーはトランスとエクスタシーを明瞭に区別したが、これは混交していると考えることもできる。というのは、極端なトランス状態はエクスタシーに通じるからである。そのとき生じるのは、至福であり極度の静謐さであり絶対感覚である。

(36) ロジャー・ペンローズ〔一九三一年生、イギリスの数理物理学者〕は、意識の非アルゴリズム的機能は量子物理学的なものとの結びつきから生じると考えている。

か？　直観には二つのタイプがある。まず非常に合理的な直観がある。その場合、直観的精神は話し相手の顔に現れるかすかな動きから、相手が感じ隠している感情を読み取る。たとえば、賢馬ハンス[37]は、算数の問題に対して、馬主の顔の表情から（馬主が難解だと思っていた）正解の数字を読み取って、（その数を）地面を脚で叩いて答えた。

他者に関する直観は、ベルグソンが「認識対象との一種の共感力」と呼ぶものによって説明されたりする。この共感力はすでにしてミメーシスの始まりではなかろうか？

もうひとつ別の種類の直観があり、こちらは危険の切迫を感知するというような一見非合理的な直観である。地震を予知する動物に見られるこのタイプの直観は、おそらく賢馬ハンスの場合と同じく、人間には感知できないシグナルを見破る〈第六感〉のようなものに由来するのであろう。

しかし、近親者の死を遠く離れたところから知ったり、未来の出来事を知ったりする直観は、こうしたタイプのシグナルの発見に由来するとは考えられない。この直観は未知の謎めいたコミュニケーションに由来する。そこには、おそらく擬似テレパシーや間違った予感なども含まれるが、偶然ではない真正のケースもあり、それは精神／脳がわれわれの感覚の射程外のシグナルを発したりキャッチしたりする能力があることを裏づけるものである。こうしたケースは、人間の精神／脳が時間と空間に背く契機を内蔵しているという仮説に確証を与えるものではなかろうか。

認識という観点からすると、動物は自分にとって必要不可欠の食べ物についての知識や有害なものに対する知識を、どのようにして獲得したのであろうか？　猫は病気になったとき治癒効果のある草をどうやって知るのだろうか？　犬や山羊は地震の到来をどうやって予感するのだろうか？　こうした予感能力はわれわれ人間の脳にも潜在的にあったのに減退したのではないだろうか？　シャーマニズムは動物や植物の世界に広く存在する認知様式と再結合したものではないだろうか？

一見合理的ではない仕方での認識を理解するために、シャーマニズム的認識についてのジェレミー・ナービーの仮説をもう一度使うことができる。ナービーの仮説によると、シャーマニズム的認識は、DNAという生命言語の普遍性を通じて行なわれる。この仮説を動物界・植物界全体に当てはめてみるということだ。そうすると、テレパシーの通り道がわかるだけでなく、一見分離しているものはすべて分離しがたく結びついているということ、そしてこの分離不可能性はシャーマニズムやその他の直観として現れるということ、この基本的考えから出発する

(37)〔訳注〕十九世紀末から二十世紀初頭のドイツで、計算ができる馬として世間を騒がせた。

ことができるようになる。

シャーマニズム的な認識は謎(エニグマ)ではあるが、それはマクスウェル[38]の電気磁気学がそうであったように、まだ発見されていない接続様式の発見によって解決されるかもしれない。これまで検出されていなかった重力波が最近発見されたように、われわれはいずれ、これまで知られていなかったコミュニケーション様式を発見することになるだろう、と私は考えている。

創造力はミステリーである。創造力はおそらく、われわれの物理的現実と量子論的現実とのあいだの未解明の相互作用によって刺激され発動するのであろう。そしてこの相互作用は、精神／脳の人間的創造力だけでなく、生物学的進化における創造力をも引き起こす性質を有していると考えられる。あえて言うなら、創造力はいっさいの説明的言い換えを受け付けないものであり、最終的に〈言葉に尽くせないミステリー〉（パウル・クレー）であり続けている、と私は考えている。

こうした創造力、わけても芸術作品における創造力は、トランス状態あるいは穏やかな憑依状態（通常平凡にインスピレーションと呼ばれるもの）と密接不可分に結びついていることは確実である。

結び

西洋近代に固有の科学／技術／経済の三位一体型の発展のなかに、いままで述べてきたのとは別の創造力が出現した。これは自然に及ぼす人間の力を爆発的に高め、その破壊力の影響は人間自身にも及んだ。人間は、物質的エネルギー（蒸気、電気、原子）の捕獲を可能にする技術、次いで強力な人工的機械の開発、さらには大量破壊兵器の生産などに邁進したのである。

われわれの文明は、世界化することによって、とてつもない破壊力を有することになり、人間や生物全体を含む生命圏を劣化させてきた。私はこの問題について、すでに十二分に警告を発してきた[39]。

技術的力と豊かな物質的生活からなる文明が、人間の精神や魂の希求するものをおろそかにしてきたことが、ますます明白になりつつある。この文明の過剰な活動は人間の内面生活の希求と必要をないがしろにし、こうした欲求に平穏で静謐な時間を与えることを許さなかった。

（38）〔訳注〕ジェームス・クラーク・マクスウェル、一八三一〜七九年、スコットランドの理論物理学者。日本語訳に『マックスウェルの電磁気学』（太陽書房）ほか。

（39）Cf. *Terre-Patrie*, Seuil, 1993〔モラン『祖国地球』参照〕, *La Voie*, Fayard, 2011.

過剰な活動に戻ることが優先されて、英気を養う余暇やバカンスの時間も制限され、人は分刻みの決められた（労働）時間、計算や個人的利害関係が支配する世界に引き戻されてきたのである。

かくして西洋化が東洋を圧倒する一方、西洋精神は方向喪失（この言葉は状況をよく言い表している）に陥り、ヨガや瞑想や仏教への関心が深まっている。

アイザック・アシモフの『ファウンデーション』[40]を読み直そう。これはすばらしいSF作品である。解体しつつある銀河系の大帝国の賢人たちが、自らの築いた文明の科学的・技術的成果を隅から隅まで守るためのファウンデーションを最終惑星地球に設立して、衰退と死滅から逃れようとする。しかしながら衰退は止まらず、取り返しがつかなくなったとき、生き残った者たちが、死亡したファウンデーションの創設者からのホログラム的メッセージを知る。そのメッセージは、このファウンデーションが別のファウンデーションの創設を隠すための口実であったことを明らかにするものであった。その別のファウンデーションとは、安穏な暮らしを整備することができる唯一有益で有効な精神＝魂に基づいた権力をつくりだすためのものであった。そしてこのファウンデーションが生き続けることになる。

アシモフの二つのファウンデーションは人間精神の二つの分離した冒険を物語るものである。

一方は外部に向かっていき、物理的世界、生命、社会といったものの秘密を明らかにし所有しようとする。それはすべてを知ることができるような科学を発展させるが、おのれ自身を知ることができず、有益な解明を行なうものの、有害な無分別や恐るべき権力をつくりだす。もうひとつの方は、おのれを知るために自己の内部に向かっていき、既知のことと未知のことについて深い考察をめぐらし、生き生きとした詩的精神で自らを養い、感動すること、美を享受すること、称賛することに意義を見いだす。最初のファウンデアーションは科学／技術／経済の三位一体型の征服的野心を持った冒険であり、二番目のファウンデーションは哲学、詩、理解、共感の精神的冒険である。

(40)〔訳注〕日本語訳は岡部宏之訳、ハヤカワ文庫、一九八四年など多数。作中のファウンデーションは、もともと銀河百科事典の編纂者の共同社会として設立された。

第八章　ポストヒューマン

ロボットはその最終形態において、人間の奴隷でもなければ、敵でもないであろう。そうではなくて、人間自身が変貌するのである。人間はロボットに取って代わられるのではなくて、人間がロボットになるのである。

伊藤俊治

人間がこれほどたくさんの混乱、心配、玩具、知識、不確かさを併せ持ったことはない。不安と無益がわれわれの日常を引き裂いている。

ポール・ヴァレリー、一九三二年

地球という宇宙船を前進させる原動力は科学／技術／経済である。この三位一体は対立し矛盾する二つの未来に向かってわれわれをさし向ける。この二つの未来はすでに始まっている。

破綻

一つ目の未来は脅威に満たされている。

まず第一に、グローバリゼーションはこのうえなく両義的である。[1] そのネガティヴな性格とポジティヴな性格の絡み合いの深みを推し量るのはむずかしい。その至上の要請である成長、発展、西洋化といったものは、伝統的社会の独裁的性格をつき崩すポジティヴな過程をもたらし、繁栄する地域をつくりだし、国際的な文化交流を促進するが、それと反対のネガティヴな過程をもたらす。すなわちそれは貧困を大量に極貧化し、不平等を絶え間なく増大させ、社会的連帯を破壊し、伝統的文明を混乱させ、生命圏の自然調節を攪乱するのである。

地球の技術–経済的統合とコミュニケーションの増大は、人間の運命共同体としての自覚ではなく、逆に、民族的そして/あるいは宗教的なアイデンティティへの偏狭な閉じ込もりの意識を生み出した。そして大きな統一が行なわれるのではなく、政治的・文化的分裂や断絶が起き、紛争へのエスカレーションが増大している。

抗しがたい仕方で持続するグローバリゼーションの過程は、その相矛盾する両面性の先に向かって、連鎖的破局に通じる諸過程を蓄積し結びつけながら加速している。

以下のことに留意しよう。

何ものも抑止することができない生命圏の持続的劣化は、都市の産業的汚染、生物多様性の縮小、地球温暖化、大規模な森林喪失、大洋の非活性化といったものをもたらすだけではない。それはまた、地球上の多くの人々の健康にとって危険な殺虫剤を使った無味乾燥な画一化された食物を生産する工業的農業のモノカルチャーによる土壌の広範な不毛化をもたらす。世界経済や国家に対する金融のヘゲモニーは直接的利益の支配を引き起こし、国民国家や人類はその（金融）帝国に従属している。

グローバル化した経済を真の意味で調整する装置が不在なため、投機による占有、マフィアの金融力の増大、資本逃避などが引き起こされ、その結果二〇〇八年に起きた金融危機が貧困層・中間層の生活状態を悪化させ続けている。

地球を見舞う二つの型の文明危機はしだいに深まっている。西洋化の影響を受けた伝統的文明の危機と西洋文明自体の危機である。後者においては、物質的安寧は必ずしも安楽な暮らしをもたらさず、打算、利益、生活の画一化といったものが支配的になった。この二つの型の危機は、不満、怨恨、失望、反逆を引き起こし、その風潮は深化している。また、この二つの型の危機は、人類の危機として一体化している。

（1） Cf. *La Voie*, *op. cit.*

核兵器の増大と小型化は、ファナティシズムや無分別の台頭のなかで、その使用が現実味を帯びてきている。加うるに、新たな戦争形態（住民を無差別に殺すミサイル、ドローン、自爆攻撃）が登場し、さらには社会の生命線としての中枢ネットワークを襲う情報戦争におけるサイバー攻撃なども姿を現わしている。

紛争の原因ならびに戦争状態の増大は、民族的、国家的、宗教的なファナティシズムを引き起こし、それはリビア、イラク、シリアのように、民族国家の崩壊に行き着いている。紛争は国際化し、地球全体に広がりを見せている。

西洋世界とアラブ－イスラム世界の関係の悪化は反乱と暴力の源泉となっている。

戦争、迫害、極貧者の移動の増加は、各国にますます外国人嫌い・レイシズム的なリアクションを引き起こし、亡命者の受け入れを拒絶したり難民キャンプに押し込めたりする事態をつくりだしている。

近視眼的な政治的世界、ならびに複雑性を理解しない知的世界の夢遊病状態、無意識の影響力の拡大が破綻への歩みを推し進めている。

したがって、互いに影響しあう破局の増大が大異変へと通じる未来が訪れる可能性があり、そのためにすべてのものごとが一致協力しているのである。その大異変は人間生活の全局面に波及し、文明の衰退を引き起こし、自由、民主主義、なお生き残っていた社会的成果といったものが犠牲になるだろう。もちろん、そういった予測はあくまでも可能性であり、確実なことは何も言えない。しかし進む道筋を変えることによってしかこの蓋然性から逃れることはできないだろう。

ヨーロッパをも含む国際地域で、すでに政治的退行が始まっている。核戦争が最大の持続的災厄を引き起こす可能性を否定することはできない。

ポストヒューマンのパースペクティヴ

われわれを災厄に導く科学／技術／経済というこの三位一体は、しかし同時に、人類の恐るべき宿命をこれまで構成していたものから人類を解放することによって、人類にとって喜ばしい未来を準備することができるかもしれない。

ある同じ原動力が二つの相容れない未来を生み出しつつあるのだ。

私が一九五一年に『人間と死』のなかですでに予言したように、医学の進歩は老化による衰退を食い止めることによって寿命の先延ばしを可能にするだろう。また医学の進歩は若いまま年を重ねて死を不確定に（無限にではなく）先延ばしすることも可能にするだろう。

そういった想定がなぜ成り立つかというと、予測医学によって病気のリスクを予見することができるようになっただけでなく、胚性幹細胞によって欠陥のある器官を修復すること（再生医療）、あるいは欠陥のある器官を人工器官で代替すること（心臓、肝臓、肺など）が可能になりつつあるからである。これは幻想でもなんでもない。

しかし、人間が不死に至ることができると考えること（トランスヒューマニズムの多くの信奉者がそう考えている）はまったくの幻想である。人間はおそらく〝死ににくくなる〟――つまり自然死で死ぬことは少なくなる――かもしれないが、だからといって死の宿命を逃れることはできないのだ。

バクテリアやウイルスが変異によって抵抗力を増し、新たな致死的疾病を引き起こすだろう。バクテリアやウイルスが抗生物質耐性を身につけたために、病院の中が最も危険になってもいる。暴力による死、襲撃や暗殺も排除することはできないだろう。そうした死はあいかわらず脅威であり続けている。地球の未来を危機に陥れかねない破局的自然災害はいかなる生命をも容赦しない。

自然災害によって死滅せずに延命するものがあると仮定しても、それは太陽活動の低下や地上の全生命の絶滅の犠牲となるだろう。人類の最後の生き残りが別の惑星に移住するとしても、彼らはその惑星において太陽の死滅の影響を被るだろう。また人類の一部が惑星から惑星へと移住することができたとしても、宇宙の死滅によって消滅することになるだろう。いずれにしろ、死はいつまでも人間の生と意識に寄生し続けるであろう。

人は健康で生き続けることが望ましい——なぜなら経験を身に付けそれを開花させるのは簡単ではなく時間がかかるから——とはいえ、長生きする人の増加は、とくにカオスの力に委ねられた世界では多くの問題を引き起こすだろう。裕福で力のあるエリートたちは、不死性を利己的に享受し、外界から保護され守られたデラックスな居住区域のなかに自らを隔離し、死に近い他の人々を軽蔑しながら人間固有の長所をしだいに喪失していくだろう。彼らはそうした他の人々から憎まれるだけでなく、長生きしてもいつまでも生き続けられるわけではないので、遅かれ早かれ訪れる死への不安を払拭することはできずに生き続けることになるだろう。

他方、寿命が長くなると、生まれる命が格段に減少するだろう。つまり、人間の多様性や創造力が減少するということだ。そういったなかで、DNAの操作が始まり、それは逸脱や独創、つまり創造的人間を排除することにつながるだろう。胚の遺伝子操作（それはすでに始まっている）が行なわれるようになり、親の願望や社会的権力の意図に即した子どもをつくることが可能になったら、もはや人間の多様性が存在しなくなるだろう。画一化のためにいっさいの創造性が排除されることになるのである。

かくして、不死を求める未来は不安な未来に変化し、いずれ惨憺たる非人間化した状態を招くことになるだろう。

ポストヒューマンの考えうる第二のパースペクティヴは、コンピュータやロボットといった人工頭脳機械による自動装置化(オートメーション)の普及によって労働の拘束や苦痛から解放された状態である。すでに二〇一八年に、人間による運転を必要としない文字通り自動的に動く車の出現が予告されている。また、すでに家事を行なうロボットや、孤独な人に同伴することができるロボット（英語で〈chatbot〉と呼ばれる会話のできるロボット）が登場している。そうしたロボットは、いずれエロス性も身に付けることになるだろう。ワトソン・コンピュータが示す法律的助言は九〇パーセントが適切であるという。ハーバードで生まれたサイボーグはネズミの心臓を持つ生きた人工生物である。二〇二三年には、輸送手段や消費財などを伴った四人の植民者（男二人女二人）の派遣による火星の植民地化が始まることになっている。(2)

3Dプリンター、インターネットによる文化的作品への無料のアクセスといったものが、いずれ市場システムを変えることになるだろう。オートメーションの普及は、やがて七〇〜八〇パーセントの雇用を消滅させるだろう。そうするとベーシックインカムが必要になってくる。

そしてまた、社会的諸関係や個人生活を変革する正真正銘の革命の必要性が生まれ、協働がエゴイズムを衰退させ、賃貸借が所有を衰退させ、支配的力を持った資本主義が弱体化して、経済のベンチャー的一部門にすぎなくなることも考えられる。

すでにいたるところに定着しているアルゴリズムが、意思決定を指揮することにもなるだろう。

アルゴリズムの法則下に完全に自動化された人間社会の理想は、超人間的なものではなく非人間的なものに至り着くだろう。アルゴリズム的合理性の理想はわれわれを瑣末な機械に還元していくだろう。それは空しい理想である。アルゴリズム化できない。歴史もまたアルゴリズム化できないし、予測できないものである。人間はアルゴリズム化できない。とくに政治的に重要な人間的決定は偶然的状況に左右されるのであり、人間的現象には不確実性がつきものなのである。さらに言うなら、人にとって本質的に重要なすべてのこと――愛、苦痛、喜び、不幸など――は計算することができない。生きることの精髄としての詩はアルゴリズム化することはできない。最も重要なことはアルゴリズム化も自動化もできない。それができるのは唯一瑣末な機械だけである。しかし、自動化やアルゴリズムを主人ではなく従僕として捉えた場合、それは理性／情熱、散文／

（2）〔訳注〕民間組織マーズワンによる火星移住計画は二〇二三年現在実現していない。

詩という弁証法のなかにおいて、人間の真正の生への希求の重要な部分に貢献することができるだろう。

ではここから、ポストヒューマンという概念そのものについて検討しよう。この概念は、人工知能機械によって労働から解放された人間の生の再生変化と延長の見通しを包摂するものである。生命の誕生と死への人為的介入、生物学的なものと人間的なものとのあいだにある人工器官（プロテーズ）、機械による情報処理化といったものが、〈メタ人類〉を誕生させたことは明らかである。(3)

地球外の世界の植民地化は、現在はまだ不可能であるが、いずれ可能になり、〈メタ人類〉は〈宇宙人類〉（人間と新たな宇宙的存在の媒介者）になるだろう。星間空間の引力の不在はわれわれを鳥－人間に変えるだろう。人為的手段によるポストヒューマン的な新たな種の出現を想定することもできる。しかし、非情な科学と倫理なき技術から生まれたこの新種は、もっぱら力と権力に適合的な性格の持ち主であろう。先立つ種よりも冷酷であるかもしれない。それは、ホモ・サピエンス／デメンスにはなお備わっていた優しさや同情や友愛という感情へのわれわれの適性を忘れさせることになるかもしれない。

〈メタ人類〉へ向かう過程が現実的なものである一方、不死性は神話的なものであり続けるだろう。そして、〈超人〉の性質が問題を引き起こした（なぜなら、それはニーチェ的、ナチス的、スターリン主義的なヴァージョン、つまりありうべからざる〈新人間〉の神話を内蔵していたから）のと同様に、〈メタ人類〉の性質もまた問題を引き起こすことになるだろう。

〈メタ人類〉は、神―人間を引き継いだポストファラオ的種族、君主たちを引き継いだポストナチス的種族、超人的経営者（スーパーマネージャー）を引き継いだポストテクノクラート的種族ではないのだろうか。しかし〈メタ人類〉は、量的に修正された（〈増加〉した）人間ではなく、質的に改良され進歩した人間であるべきではないだろうか。

最後に、ジョエル・ド・ロスネーの〈共生的人間〉という考えから生まれた仮説を検討してみよう。ロスネーは、地球的頭脳を備えたマクロ生物が、人間精神、人工知能機械、インターネット、その他のすべての情報交換装置のあいだの連携から生まれるという仮説を立てている。それはサイバー空間に生きる電子人類的生物であり、デジタル的で自己意識を有する存在である。したがってそれは〈メタ人類〉であり、個人という形態ではなく、電子的装備を包摂した超生物という形態で存在することになる。しかしながらジョエル・ド・ロスネーは、こうした形態の下で個人的意識がどうなるかについては、それが抑止されるのか発展するのか、何も語

（3）Cf. *L'Homme et la Mort, op. cit.*〔モラン前掲『人間と死』参照〕

っていない。

ポストヒューマンのパースペクティヴは、さまざまな形態を想定することが可能である。しかしそれはわれわれ人間の思いを抜きに語ることはできない。人間の置かれた状況や人間行動についてどう考えるか、〈ホモ・サピエンス／デメンス／ファベル（工作人）／ミトロジクス（神話人）／レリジオス（宗教人）／エコノミクス（経済人）／ルーデンス（遊戯人）〉という人間の複雑性に包含される可能性や危険をどう意識するか、人間のなかにある最も貴重なものをどう捉えるか、ということであろう。

ポストヒューマンの条件

ポストヒューマンという考えは現在の人間性を超えた人類のあり方を前提としている。〈ホモ・サピエンス〉がネアンデルタール人やホモ・エレクトスその他のヒト科の旧人類の消滅に伴って現れたように、ポストヒューマン人は現在の人間の消滅に伴って現れるだろう。しかしポストヒューマン的な進歩は、現在の人間おいてはまだ未発達で脆弱な精神、魂、心のあり方の保護と発展を前提とするものでなくてはならない。

人類の未来が意識の未来に依存していることをわれわれの意識は告げている。しかるべきポストヒューマン的メタモルフォーズにとってますます不可欠になっている倫理的／文化的／社会的メタモルフォーズがまだ漠然たる状態にとどまっているにもかかわらず、それが地球という宇宙船を前進させる科学的／技術的／経済的な三重の原動力の無分別な圧力の下で始まったこと、これは悲劇的なことであると言わねばならない。もっと悪いことには、科学的、技術的、経済的な発展に、倫理的、心理的、感情的な退行が随伴していることである。

ヒューマニズムが地球規模になり祖国地球に根を張って再生することが、あらゆる権力を有する新種の支配者の君臨を回避するために不可欠である。この新種の支配者は他の人間を従属させて、その犠牲の上に自分の生を延長する力を持っている。

生物学的－技術的－情報処理的なメタモルフォーズは、倫理的－文化的－社会的なメタモルフォーズによって導かれ、コントロールされ、調整されなくてはならない。

この後者のメタモルフォーズが、われわれに依存しているにもかかわらずわれわれが依存している（われわれを支配している）思考機械の振るう権力を回避するために必要不可欠である。この思考機械がおそらくわれわれから自立し、（ゴットハルト・ギュンター[4]が予言したように[5]）意識を身につけることができるようになり、ポストヒューマンの前途を支配するようになるだろう。

超人間的メタモルフォーズは、おのれが生み出す運命に対して無自覚的で制御不能な匿名の力によって推進される。したがってヒューマニズム的メタモルフォーズは、一方で人類の無意識的な力に支配されるであろうが、諸個人の倫理的・反省的な意識的力にも支配されなくてはならない。新たなポストヒューマン的力は、人間の最良の部分に根差した人間性の支配下に置かれないかぎり、非情なものになるだろう。

超人間性の推進主体が、科学／技術／経済の歯止めなき三位一体がもたらす破局的未来に鈍感な自己満足的思考のなかに囚われていることを忘れてはならない。

この推進主体は、技術と結合して技術科学となった科学が、善にも悪にも、生にも死にも与する制御困難なとてつもない機械であることを知らない。

この推進主体は、科学、技術、経済の三位一体がおのれの内部に抱えている複雑な矛盾に対して無自覚である。

この推進主体は、超ヒューマニズムのしかるべき現実感覚を持った部分が、超ヒューマニズムそのものに取り憑く破局的過程の無意識によって不毛化される可能性があることに気がついていない。

この推進主体は、この同じ科学／技術／経済の三位一体によって指揮された二つの未来が相互作用的かつフィードバック作用的であることに気がついていない。

この推進主体はとくに以下のことに気がついていない。すなわち、破局（カタストロフ）を避けるためにも、ポストヒューマンの時代の非人間性（非情性）を避けるためにも、根底的な知的・精神的改革が必要であるということ。

この推進主体は先進的文明が退嬰的野蛮性を包含していることを知らない。

この推進主体は人間の歴史にはつねに狂気が現前していたことを知らない。

この推進主体は、生の延長というおのれの量的な強迫観念のなかには、生の質に関わる本源的欲求が潜んでいることを知らない。

この推進主体は、世界中の至るところに出現している別のタイプの文明への希求を知らない。その新たな文明への欲求は、打算、利益、エゴイズム、匿名性といったもののヘゲモニーに対する抵抗運動から生じたものであり、喜び、分かち合い、愛情、詩的生活への欲求に導かれている。

（4）〔訳注〕一九〇〇〜八四年、ドイツの哲学者。
（5）*La Conscience des machines : une métaphysique de la cybernétique* [Das Bewusstsein der Maschinen], suivi de Cognition et volition, avant-propos d'Edgar Morin, L'Harmattan, 2008.

この推進主体は、人間存在の複雑性を自覚しないかぎり、倫理や政治を正しく表現することができないということを知らない。

この推進主体は、地上のすべての人間からなる運命共同体が存立するためには、さまざまな祖国をなくすのではなく包み込む〈祖国地球〉という共通認識が必要とされることを知らない。

この推進主体は、われわれには宇宙－生物－人類的ヒューマニズムが必要であることを知らない。

ヒューマニズム的メタモルフォーズへの希求と宇宙生物としての人類という二重の認識から、はじめて別の未来への新たな道が生まれることになるだろう。

おのれの無知を知ると、〈言葉で言い表せない世界〉に導かれる。

ニコラウス・クザーヌス

計り知れないものや無限は人間にとって必要不可欠である。それは人間が生活している小さな惑星が人間にとって必要不可欠であるのとまったく同じことである。

ドストエフスキー

暗闇のなかでマッチをすって火をつけても、ほんの小さな空間しか照らし出さない。それは巨大な闇がわれわれを取り巻いていることを明かしてくれるのである。

この本は、これまで、知識、無知、ミステリーのあいだには対立的かつ相補的な関係があることを強調してきた。

知識を深めたときに行き着く矛盾は誤りではない。それはむしろ最終的真理でもありうる。したがって、パラドクスや矛盾の有効性を知識の最終的あらわれとして認めなくてはならない。われわれは、未知のものや知りえないものを合理化したり、規格化したり、陳腐化したりして、排除してしまう。

しかし、未知のものや知りえないものは、知識が深まるごとに再び姿を現わす。

われわれはあらゆるものごとを説明することができる。しかしその説明はえてして説明不可能な前提に基づいている。われわれが宇宙の存在を説明するために持ち出した宇宙の創発的出現という提案そのものが説明不可能である。

われわれは生の豊かさを生の創造力で説明するが、それで説明ができているとは言いがたい。

われわれは自明なものごとを想定するが、自明なものごとはそのなかに大きなミステリーを含んでいる。

認識不可能なものに到達するには複合的な知識を獲得することが必要である。さもなければ、われわれはわれわれの無知を知らないままになるだろう。

われわれの科学は機械の仕組みについてわれわれを物知りにしてくれたが、機械そのものについてはわれわれは無知なままである。

世界の全秘密はわれわれの内部にあるが、それはわれわれの精神の射程外にあり、われわれはわれわれが何を知っているかを知らない。

組織したり創造したりすることができる素晴らしい知が至る所に存在するが、そうした知についてわれわれは何も知らない。

哲学の始まりにある驚きは哲学の終わりにある驚きである。

宇宙＝世界は驚くべきものである。

生命は驚くべきものである。
人間は驚くべきものである。

宇宙＝世界は驚異と脅威に満ちている。
生命は驚異と脅威に満ちている。
人間は驚異と脅威に満ちている。

〈生きること〉は夢遊病的である。
人間は夢遊病者である。

われわれの夢遊病的意識はわれわれを目覚めさせ活性化したが、われわれに必要な睡眠がそれによって妨げられることはなかった。その意識はわれわれに知識をもたらした。そして未知のものと思考の及ばないものをもたらした。

以下に引用するのは、偉大な作品がもたらしたものとは何かについて、パトリック・シャモワゾーが述べたことである。

偉大な芸術家、偉大な作品はつねに、思考の及ばないものの地平線なき地平に入り込むための入口をつくりだす。これが芸術的行為において重要なことであると私には思われる。重要なことは、芸術作品に提示されているわれわれを安堵させる意味ではなく、芸術的行為がつくりだすこの入口であり、この入口が本当に開かれ二度と閉じないこと、そしてその入口が思考の及ばないものの持つエネルギーをわれわれに伝え続けることである。(1)

われわれは意識が覚醒しているとき、愛の力がみなぎっているときにしか、希望を持つことができない。

ミステリーはミステリーに達する知識の価値を減じるものではない。ミステリーはわれわれを支配する隠された力をわれわれに意識させる。その力は決定的なものではないが、〈ダイモーン〉のようにわれわれの内部と外部にあって、われわれに取り憑き、狂気や陶酔やエクスタシーにわれわれを導く。

ミステリーは、存在することに伴う詩的感覚を刺激し強化する。一見意味のない合目的性(2)——〈生きるために生きる〉——は、詩的に生きるという選択をする可能性を包含している。

ミステリーは、われわれの喜びへの希求、われわれを超越する数え切れない崇高性とわれわれが結びついているという感覚（錯覚であれ真正であれ）をわれわれに与えるエクスタシーへの希求を、われわれが引き受けるように求める。

ミステリーは、生きることはいくつかの確実な小島を頼りに不確かな大洋を進んでいく航海のようなものであることを、われわれに教えてくれる。

ミステリーは、われわれがエロスとタナトスとの接近戦においてエロスの側に立ちつつ、不確かな状況のなかでも決定し行動するように鼓舞する。

ミステリーはわれわれが人類の冒険へ参加するように駆り立てる。

人類の冒険は崇高なものと恐ろしいものを混ぜ合わせたとんでもない冒険である。そしてこの冒険は宇宙の冒険の構成要素でもあり、宇宙の冒険に周辺的あるいは前衛的にかかわる。われわれは宇宙の冒険のなかでわれわれの冒険を続けていく。この二つの冒険がどこに向か

（1）P. Chamoiseau, *La Matière de l'absence*, Seuil, 2016.

（2）詩はおそらく、バクテリアが存在を享受したときから生命とともに生まれたもので、花、飾り、色彩、飛翔、跳躍、身体の享楽的伸長といったものとして表出されたのである。そしてその後、散文、死、悲劇と出会ったのである。

うかは知らぬままに。

二〇一六年　夏〜秋

主要著作一覧

方法

La Nature de la nature (t. 1), Seuil, 1977, coll. « Points Essais », n° 123, 1981 et 2014〔『方法１　自然の自然』大津真作訳、法政大学出版局、一九八四年〕

La Vie de la vie (t. 2), Seuil, 1980, coll. « Points Essais », n° 175, 1985 et 2014〔『方法２　生命の生命』大津真作訳、法政大学出版局、一九九一年〕

La Connaissance de la connaissance (t. 3), Seuil, 1986, coll. « Points Essais », n° 236, 1992 et 2014〔『方法３　認識の認識』大津真作訳、法政大学出版局、二〇〇〇年〕

Les Idées. Leur habitat, leur vie, leurs moeurs, leur organisation (t. 4), Seuil, 1991, coll. « Points Essais », n° 303, 1995 et 2014〔『方法４　観念』大津真作訳、法政大学出版局、二〇〇一年〕

L'Humanité de l'humanité. L'identité humaine (t. 5), Seuil, 2001, coll. « Points Essais », n° 508, 2003 et 2014〔『方法５　人間の証明』大津真作訳、法政大学出版局、二〇〇六年〕

L'Éthique (t. 6), Seuil, 2004, coll. « Points Essais », n° 555, 2006 et 2014

La Méthode, Seuil, coll. « Opus », 2 vol., 2008

L'Aventure de La Méthode, Seuil, 2015

複雑思考

Science avec conscience, Fayard, 1982 ; Seuil, coll. « Points Sciences », n° 564, 1990〔『意識ある科学』村上光彦訳、法政大学出版局、一九八八年〕

Sociologie, Fayard, 1984 ; Seuil, coll. « Points Essais », n° 276, 1994〔『出来事と危機の社会学』浜名優美・福井和美訳、法政大学出版局、一九九〇年〕

Introduction à la pensée complexe, ESF, 1990 ; Seuil, coll. « Points Essais », n° 534, 2005 et 2014〔『複雑性とはなにか』古田幸男・中村典子訳、国文社、一九九三年〕

La Complexité humaine, Flammarion, coll. « Champs : l'essentiel », n° 189, 1994

人間の条件

Le Cinéma ou l'Homme imaginaire, essai d'anthropologie sociologique, Éditions de Minuit, 1956〔『映画——あるいは想像上の人間〔原書第二版〕』渡辺淳訳、法政大学出版局、一九八三年〕

Les Enfants du ciel : entre vide, lumière, matière（avec Michel Cassé）, Odile Jacob, 2003

L'Homme et la Mort, Corrêa, 1951 ; Seuil, 1970, coll. « Points Essais », 2014〔『人間と死』古田幸男訳、法

政大学出版局、一九七三年〕

Le Paradigme perdu : la nature humaine, Seuil, 1973, coll. « Points Essais », n° 109, 1979 et 2016〔『失われた範列――人間の自然性』古田幸男訳、法政大学出版局、一九七五年〕

Dialogue sur la nature humaine（avec Boris Cyrulnik）, Éditions de l'Aube, coll. « Interventions », 2000 ; rééd. 2004 et 2012, coll. « Aube poche » ; nouvelle édition illustrée par Patrick Lemaître, Éditions de l'Aube, coll. « Monde en cours », 2015

Sur l'esthétique, Robert Laffont/FMSH Éditions, coll. « Le monde comme il va » et « Interventions », 2016

教育四部作

La Tête bien faite. Repenser la réforme, réformer la pensée, Seuil, 1999

Relier les connaissances. Le défi du XXIe siècle, Journées thématiques conçues et animées par Edgar Morin, Unesco-Seuil, 1999

Les Sept Savoirs nécessaires à l'éducation du futur, Seuil, 2000, coll. « Points Essais », 2015

Enseigner à vivre : manifeste pour changer l'éducation, Actes Sud/Éditions Play Bac, 2014

地球の時代

Terre-Patrie（avec Anne-Brigitte Kern）, Seuil, 1993 ; coll. « Points Essais », n° 207, 1996 et 2000〔『祖国地

球――人類はどこへ向かうのか』アンヌ・ブリジット・ケルン共著、菊地昌実訳、法政大学出版局、二〇二二年新装版〕

Pour sortir du XXe siècle, Seuil, coll. « Points Essais », n° 170, 1984 ; édition augmentée d'une préface sous le titre *Pour entrer dans le XXIe siècle*, Seuil, coll. « Points Essais », n° 518, 2004〔『二十世紀からの脱出』秋枝茂夫訳、法政大学出版局、一九九一年〕

L'Esprit du temps. Essai sur la culture de masse, 2 t., Grasset, 1962 et 1976 ; nouvelle édition Armand Colin/Ina, 2008.〔『時代精神1――大衆文化の社会学』『時代精神2――できごとの社会学』宇波彰訳、法政大学出版局、一九七九／一九八二年〕

La Voie : pour l'avenir de l'humanité, Fayard, 2011

Penser global : l'humain et son univers, Robert Laffont/FMSH Éditions, coll. « Le monde comme il va » et « Interventions », 2015

Écologiser l'homme, Lemieux éditeur, 2016

現代

La Rumeur d'Orléans（avec Bernard Paillard, Évelyne Burguière, Claude Capulier, Suzanne de Lusignan, Julia Vérone）, Seuil, 1969, coll. « Points Essais », n° 143, 1982, édition augmentée avec *La Rumeur d'Amiens*, 1982〔『オルレアンのうわさ――女性誘拐のうわさとその神話作用』杉山光信訳、みすず書房、

一九九七年第二版〕

Commune en France : la métamorphose de Plodémet, Fayard, 1967 ; LGF, coll. « Biblio-Essais », 1984, et « Pluriel », 2013〔『プロデメの変貌――フランスのコミューン』宇波彰訳、法政大学出版局、一九七五年〕

Penser l'Europe, Gallimard, 1987, coll. « Folio », 1990〔『ヨーロッパを考える』林勝一訳、法政大学出版局、一九八八年〕

Le Monde moderne et la Condition juive, Seuil, 2006, coll. « Points Essais », 2012

Au péril des idées : les grandes questions de notre temps (avec Tariq Ramadan), Presses du Châtelet, 2014 ; Archipoche, 2015

政治的思考

Introduction à une politique de l'homme, Seuil, 1965, coll. « Points Politique », n° 29, 1969, « Points Essais », n° 381, 1999〔『政治的人間』古田幸男訳、法政大学出版局、一九七四年〕

De la nature de l'URSS. Complexe totalitaire et nouvel empire, Fayard, 1983〔『ソ連の本質――全体主義的複合体と新たな帝国』田中正人訳、法政大学出版局、一九八六年〕

Culture et barbarie européennes, Éditions Bayard, 2005 ; nouvelle édition, *L'Europe à deux visages : humanisme et barbarie*, Lemieux éditeur, 2015

Pour et contre Marx, Temps Présent, 2010 ; Flammarion, « Champs Actuel », 2012
Ma gauche, *François Bourin*, 2010
La France une et multiculturelle. Lettres aux citoyens de France（avec Patrick Singaïny）, Fayard, 2012
Le Chemin de l'espérance（avec Stéphane Hessel）, Fayard, 2011

私のたどった道

Autocritique, Seuil, 1959 et 2012 ; coll. « Points Essais », n° 283, 1994〔『自己批評——スターリニズムと知識人』宇波彰訳，法政大学出版局，一九七六年〕
Mes démons, Stock, coll. « à vif », 1994 et 2008 ; réed. Points, coll. « Points », n° 528, 2010〔『E・モラン自伝——わが雑食的知の冒険』菊地昌実・高砂伸邦訳，法政大学出版局，一九九九年〕
Vidal et les siens（avec Véronique Nahoum-Grappe et Haïm Vidal Sephiha）, Seuil, 1989 et 2015, coll. « Points », n° 300, 1996
Amour, poésie, sagesse, Seuil, 1997, coll. « Points », 1999
Mon chemin. Entretiens avec Djénane Kareh Tager, Fayard, 2008 ; coll. « Points Essais », 2011
Edwige, l'inséparable, Fayard, 2009
Mes philosophes, Éditions Germina, coll. « Cercle de philosophie », 2011
Mon Paris, ma mémoire, Fayard, 2013

Mes Berlin : 1945–2013, Le Cherche Midi, 2013

日　記

Journal de Californie, Seuil, 1970 ; coll. « Points Essais », n° 151, 1983〔『カリフォルニア日記——ひとつの文化革命』林瑞枝訳，法政大学出版局，一九七五年〕

Le Vif du sujet, Seuil, 1969 ; coll. « Points Essais », n° 137, 1982

Une année Sisyphe（Journal de la fin du siècle）, Seuil, 1995

Pleurer, aimer, rire, comprendre, 1er janvier 1995–31 janvier 1996, Arléa, 1996

Journal（t. 1 et t. 2）, Seuil, 2012

Au rythme du monde : un demi-siècle d'articles dans Le Monde, Presses du Châtelet, 2014 ; Archipoche, 2015

コロック（シンポジウム）

L'Unité de l'homme（avec Massimo Piatelli Palmarini）, Seuil, 1974, coll. « Points Essais », 3 vol., 1978

Arguments pour une méthode, colloque de Cerisy, Seuil, 1990

訳者あとがき

本書はEdgar Morin, *Connaissance, Ignorance, Mystère*, Fayard, Paris, 2017の全訳である。二〇一八年には同じ出版社の〈pluriel〉叢書の小型版も刊行されている。

私がこの本の翻訳を手がけることになった主たる理由は二つある。

ひとつは、二〇二二年五月に刊行したマリー＝モニク・ロバン著『なぜ新型ウイルスが、次々と世界を襲うのか？——パンデミックの生態学』（作品社）という訳書のなかで、専門研究者が肝に銘じるべきこととして、このモランの著書の一節が引用されていたことである（二七二～二七三頁）。それはモランが学者を含む世界の「無知蒙昧体制」を告発した文章で、本書では以下のように改訳してある。「専門分野における知識の散乱と区分けは、それぞれの専門分野のなかに閉じ込められた知識を結びつけようとするさいに生じる大きな問題を排除する。したがって、最も重要な問いが排除されてしまうことになる。この無知が無知蒙昧体制となって、われわれ現代人の上にだけでなく、自らの無知を知らない学者や専門家の上にも君臨することになる」（一六頁）。まことにもっておっしゃる通りとしか言いようのない指摘であり、まさにモランの言う「無知蒙昧体制」がこのたびの「コロナ騒動」によって赤裸々に発現しているのを目の当りにしていたので、この指摘がよけいに身に染みる思いであった。そこで、本書を手に入れて読もうという気になったのである。

他方、ちょうどその頃、モランの『百歳の哲学者が語る人生のこと』という訳書が河出書房新社から刊行され（澤田直訳）、偶然にも『図書新聞』からその書評を頼まれた。若い頃になれ親しんでいたモランの文章を久しぶりに読む機会が重なったが、モランのこの「自伝的回想録」は、私自身の経験や問題意識とも重なるところがあり、いい書評が書けたと思っている（『図書新聞』二〇二二年九月三日号。なお本書の「訳者あとがき」では、エドガール・モランという人物の来歴や人となりを記述することは紙数の関係で省略したので、関心がおありの方はこの「書評」をぜひ参照していただきたい）。

ともあれ、エドガール・モランという二十世紀フランスの代表的な領域横断的哲学者の業績を改めて俯瞰しながら本書を読んでいて、これはモランが最新の先端科学の情報に自らの個人的経験を組み込んだ学術的エッセー（いわばモランの人間としての／学者としての「総括と展望」を記したもの）であることがわかった。

そこで、かつてモランの訳書をたくさん刊行していた法政大学出版局に、この本の翻訳刊行をもちかけたところ、ちょうど一九九三年に刊行されたモランの『祖国地球』という本（原著も訳書も同年に刊行されている）を復刊する予定なので、〝モラン復活〟のためにグッドタイミングだということで話がまとまり、一気に訳し下ろしたというしだいである。

そんなわけで、本書の内容は、モランが『祖国地球』のテーマを二十年以上のちに引き継いで発展させたものと言うことができる。

『祖国地球』の「テーマは何か」。訳者によると以下である。「宇宙物理学から生態学まで、地質学から政治学まで、全くあきれるほど多岐にわたる著者の関心は、あくまでも現代に生きるわれわれであり、本書の主題を乱暴に一言に要約すれば、現代における人類の位置づけということになるだろう」。それから二十年以上を経て書かれた本書は、当然のことながら、「あきれるほど多岐にわたる著者の関心」がさらに増幅された内容になっている。それはこの二十数年で科学の「進歩」がさらに進展しただけでなく、『祖国地球』で著者が憂慮した人類のあり方の変化が良くも悪くもさらに深化したからである。そういう意味で、本書は地球と人類の現在と未来を考えるうえで、きわめてアクチュアルな性格を有していると言えるだろう。

地球と人類の現在と未来を語る著作は数多くある。しかし、本書ほど科学的・歴史的・社会的な知見を網羅して総合的に展開した類書はないだろう。『祖国地球』と本書を併読すれば、われわれが今、「地球人類」としてどういう立場に置かれているかが浮き彫りになってくる。

そして「ウクライナ戦争」がいかに恐るべき行為であり、一刻も早く停止しなくてはならない愚行であるかを実感する。宇宙の生命体としての人類の祖国は地球なのであり、ウクライナでもロシアでもアメリカでも、はたまた日本でもいかなる国でもないことを、モランは「生命」の起源と現状を軸に据えた独自の宇宙＝世界論を通して力説しているのである。ちなみに、二〇二三年一月、この一〇一歳の哲学者は卓見に満ちた「ウクライナ戦争論」(*De guerre en guerre – De 1940 à l'Ukraine*, Éditions de l'Aube) を刊行している（人文書院から拙訳で刊行予定)。

「複雑思考」の理論家としてのモランの特徴は、宇宙と人間にかかわるすべての要素を、その不可視の「つながり」のなかで捉えようとするところにある。そしてその「つながり」を〈ディアロジック〉(dialogique: ディアローグとロジックを組み合わせた造語) という独自の概念を使って解明しようとする点にある（本訳書では直訳的に「対話的論理」という訳語を当ててある)。この「対話的論理」という観点からの宇宙＝世界についての分析的理解が『祖国地球』から本書まで一貫してモランの哲学を貫いている。

では、『祖国地球』と比べて、本書はどんな違いがあるのか、どんな進展があるのか。もちろん、『祖国地球』以降の「諸科学」の理論的進化の影響が最も大きいが（本書では「先端的諸科学」への参照が格段に増えている)、さらに分析対象と取り組むモランの主体的姿勢においても二つの重要な変化がある。

ひとつは、『祖国地球』では「機械（マシーン）」という言葉を比較的素朴な意味合いにおいてしか使っていなかったのに対して、本書ではより進化した用法で活用していることである。これは明らかにフェリックス・ガタリの「機械」の概念の影響と見なすことができる。ガタリとモランの関係は『図書新聞』の書評でも触れたとおり、社会運動でも共闘する仲であり、とくに明示してはいなくても、互いに潜在的な思想的影響関係を保っていた。本書にもそれが随所にうかがわれるが、とくに本書における「機械」という言葉の使い方は、ガタリの力動的な機械概念から影響を受けた用法であることは明らかである。

ガタリの機械概念については、ここで縷縷説明する紙幅はないので、とくに以下の拙訳書を参照していただきたい（『エコゾフィーとは何か』青土社）。一言だけ補足しておけば、フランスではデカルトが人間を機械に見立てたことが知られているが、とくに「人間はきわめて複雑な機械である」（『人間機械論』）と述べた十八世紀の医師・哲学者ド・ラ・メトリー以来、「機械」という近代最大の創造物を指す言葉はさまざまに転用されてきた。ガタリの言う機械は、言うまでもないことであるが、単に人間がつくった「物体的装置としての機械」を指示するのではなく、宇宙＝世界の万物の機能を複雑なカオス的システムとして捉えて「機械」になぞらえた「概念的装置としての機械」である。モランがこうした「機械」の概念を自らの思想に組み込んだのは、それが〈ディアロジック〉という自分が創造した概念と交差することに気が付いたからだろう。そして「機械」という言葉を概念語として転用的に活用することによって、本書の叙述が喚起する宇宙＝世界のイメージが全体としてよりダイナミックになっている。宇宙の星から人体に棲み着くウイルスに至るまで、マクロからミクロに至るまで、すべてのものは「機械状」かつ「対話論理的」に機能しているということである。

もうひとつは、モランの「未知なるもの」への関心の深化＝進化である。世界には〈機械状無意識〉（ガタリ）や〈対話的論理〉（モラン）といった複雑な交錯的概念でも捉えきれない現象がある。それがミステリー（謎＝神秘）である。『祖国地球』に描かれていない本書のもうひとつのテーマは、いくら知識を積み重ねても捉えきれないものが存在するのはなぜかということである。モランはそれを本書でとくに〈シャーマン〉的な精神作用への関心（傾倒と言ってもいい）と結びつけて、不可視の世界、不思議な現象、非合理的としか思われない事象といったものの合理的解釈を試みるが、それを無理やり推し進めるのではなく、合理的解釈そのものをも疑問に付しながら、謎は謎として、ミステリーとして享受しようとする。これは、たとえば精神（魂）が物質に影響を与えることによって生じると思われるさまざまな不可解な現象の歴史的・現在的遍在、近代が積み残してきた／あるいは否定してきた近代以前の思考や生活のなかのミステリーといったものを再評価して、最先端の科学的思考につなげようとするモラン独自の視点に由来している（これはとくに「脳」と「精神」の関係を論じた第七章に顕著に表れている）。なおミステリーの問題は、本書でモランが宇宙＝世界における生命体や物事の起源を「創発性」とか「創発的出現」という概念で捉えようとしていることと密接に結びついている。このことを念頭に置いて読み進めるなら、本書におけるモランの思考の独創的展開の筋道をより鮮明にたどることができるだろう。

なによりもミステリーはミステリーとしてまず素直に享受しなくてはならない。なぜなら、人間は知識を獲得しながら、なお「無知である」という意識を持ち続けることによってのみ、本当の創造力を発揮することができるからである。人間はおのれが「無知である」という意識を喪失すると、世界に災禍をもたらすこと（無知を省みないことが歴史的に多くの災禍をもたらしてきたこと）をモランは繰り返し強調している。その最たるものが戦争にほかならない。戦争は単にナショナリズムや利害衝突から起きるのではない。モラン的に言うなら、宇宙＝世界についての無知から生じるのである（そもそもナショナリズムそのものが宇宙の生命体としての人類についての無知から生じるのだ）。

無知から生じるもうひとつの大きな問題は近代科学の陥った驕りである。すべてを科学的に説明することができるという近代の思い上がり的悪弊から脱却するには、生物としての人間の身体感覚に立ち返って、「科学／技術／経済」の三位一体的信仰（それゆえに起きる戦争）に囚われた近代の轍から抜け出さなくてはならない。モランは、そのための突破口は人間の「散文的な生」から「詩的な生」への主体性（主観性）の転換によって切り開かれると考える。この結論はガタリの思想的展望とも合致する。ガタリは一九八九年に行なわれた「大阪講演」（「ポストメディア社会にむけて」）で、世界の現状を憂えながら新たな「主観性の生産」に希望を託して、講演を次のようにしめくくった。「このような主観性の生産の深いバネ――存在を自己創造していく〔既成の〕意味の切断――を把握し発動させていくためには、今日、私たちにとって、おそらく、経済学や人文書科学を寄せ集めたもの以上に詩から教えられるところの方が多いのではないかと思われます」（『三つのエコロジー』〔平凡社ライブラリー〕ならびにガタリの遺著『カオスモーズ』〔河出書房新社〕に収録）。モランとガタリが唱える現状打破のための感性的な存在論の方向性の一致をどう考えるべきか、これはわれわれに課された重要な課題と言えるだろう。

以上、本書について訳者としての理解の一端を述べてきたが、本書はひとりひとりの読者の関心にしたがって多様な読み方が可能である。いわば乱反射する鏡のような機能、あるいは千変万化する万華鏡のような機能を内蔵しているので、それぞれの関心に基づいてお読みいただければ、必ずや意義のある時間を過ごすことができると確信する。そして、知の世界を極めたとされるこの百歳を超えた哲学者（この本は九十五歳（！）の時に書かれた）が、本書の随所で発するモンテーニュ的な「クセジュ」（「私は何を知っているか？」）の先に広がる地平を追究していただければ、訳者としてこれに越した喜びはない。

蛇足ながら、本書はもう少し気楽にかまえて、豊かな総合知を備えた希有な哲学者が、天体からウィルスに至るまでの最先端の科学的知見を援用しながら、「生命とは何か」＝「人間とは何か」を縦横に語ったSFの香りもする極上の知的エンタテイメントとして読むこともできるだろう。本書の記述をたどっていくと、人類がたどり着いた現代世界の「知的構成」の見取り図を看取できる。しかし、その一見軽いフットワークの叙述のなかに重い問いかけが埋め込まれてもいる。「フィナーレ」の「未来予測図」は、宇宙の寄る辺なき生命体としてのわれわれ全人間に対する「いかに生きるべきか」という問いかけである。これはモランらしい気宇壮大ではあるが実存主義的でもある根源的問いかけとして受け止めなくてはならないだろう。

最後になったが、今回も法政大学出版局の高橋浩貴さんの丁寧な編集のお世話になった。記して謝意を表したい。また、この本の刊行を機に、これまで法政大学出版局が熱心に刊行してきたエドガール・モランという二十～二十一世紀が生み出した類い希な哲学者の多くの著作が改めて注目されることを祈念したい。

二〇二三年二月

杉村昌昭

《叢書・ウニベルシタス 1155》

知識・無知・ミステリー

2023年4月25日　初版第1刷発行

エドガール・モラン
杉村昌昭 訳
発行所　一般財団法人　法政大学出版局
〒102-0071 東京都千代田区富士見2-17-1
電話 03(5214)5540　振替 00160-6-95814
組版：HUP　印刷：日経印刷　製本：積信堂

Printed in Japan
ISBN978-4-588-01155-9

著　者

エドガール・モラン（Edgar Morin）

1921年パリ生まれの社会学者・思想家。パリ大学に学ぶ。大戦中は対独レジスタンス活動に参加。戦後は雑誌編集者、映画評論家として活躍。パリの国立科学研究所（CNRS）の主任研究員として、現代の多元的・総合的な人間・社会・文化の調査研究に成果を上げる。日本語訳に『人間と死』（1973年）、『政治的人間』（1974年）、『カリフォルニア日記』（1975年）、『失われた範列』（1975年）、『プロデメの変貌』（1975年）、『自己批評』（1976年）、『スター』（1976年）、『大いなる女性』（共著、1977年）、『時代精神』（全2巻、1979、1982年）、『映画』（1983年）、『ソ連の本質』（田中正人訳、1986年）、『意識ある科学』（1988年）、『ヨーロッパを考える』（1988年）、『ドイツ零年』（1989年）、『出来事と危機の社会学』（1990年）、『二十世紀からの脱出』（1991年）、『E・モラン自伝』（1999年）、『祖国地球』（共著、2022年新装版）、『方法』（全5巻、1984–2006年）（以上、法政大学出版局）、『複雑性とはなにか』（国文社、1993年）、『オルレアンのうわさ』（みすず書房、1997年第2版）、『百歳の哲学者が語る人生のこと』（河出書房新社、2022年）などがある。

訳　者

杉村昌昭（すぎむら・まさあき）

1945年生まれ。龍谷大学名誉教授。フランス文学・現代思想専攻。著書に『資本主義と横断性』（インパクト出版会）、『分裂共生論』（人文書院）、訳書にF. ガタリ『分子革命』『精神と記号』（以上、法政大学出版局）、『三つのエコロジー』（平凡社ライブラリー）、『闘走機械』（松籟社）、『人はなぜ記号に従属するのか』『エコゾフィーとは何か』（以上、青土社）、F. ガタリ／G. ドゥルーズ『政治と精神分析』（法政大学出版局）、F. ガタリ／A. ネグリ『自由の新たな空間』（世界書院）、F. ガタリ／S. ロルニク『ミクロ政治学』（共訳、法政大学出版局）、F. ドス『ドゥルーズとガタリ』（河出書房新社）、E. アザン『パリ大全』（以文社）、G. ジェノスコ『フェリックス・ガタリ』（共訳、法政大学出版局）、M. ラッツァラート『資本はすべての人間を嫌悪する』（法政大学出版局）、J. ブランコ『さらば偽造された大統領』（共訳、岩波書店）、M.-M. ロバン『なぜ新型ウィルスが次々と世界を襲うのか？』（作品社）、チャールズ・W. ミルズ『人種契約』（共訳、法政大学出版局）などがある。